EL CORAZÓN DE LA REFORMA

EL CORAZÓN
DE LA
REFORMA

90

DÍAS DE
DEVOCIONALES
SOBRE LAS
CINCO SOLAS

ORLANDO, FL

EL CORAZÓN DE LA REFORMA: 90 DÍAS DE DEVOCIONALES SOBRE LAS CINCO SOLAS
© 2023 POR MINISTERIOS LIGONIER

DISTRIBUIDO EN AMÉRICA LATINA Y ESPAÑA POR POIEMA PUBLICACIONES
POIEMA.CO

PUBLICADO ORIGINALMENTE EN INGLÉS POR LIGONIER MINISTRIES, BAJO EL TÍTULO:
THE HEART OF THE REFORMATION: A 90-DAY DEVOTIONAL ON THE FIVE SOLAS
© 2021 BY LIGONIER MINISTRIES

MINISTERIOS LIGONIER
421 LIGONIER COURT, SANFORD, FL 32771
ES.LIGONIER.ORG

PRINTED IN HUDSON, NH
KASE PRINTING, INC.
0001222

PRIMERA IMPRESIÓN

ISBN 978-1-64289-527-8 (TAPA RÚSTICA)
ISBN 978-1-64289-530-8 (EPUB)

DISEÑO DE PORTADA: LIGONIER CREATIVE
DISEÑO INTERIOR Y DIAGRAMACIÓN: THE DESK, POIEMA PUBLICACIONES
Y MINISTERIOS LIGONIER

TRADUCCIÓN AL ESPAÑOL: JULIO CARO, ROBERTO «ROBY» REYES Y ALICIA FERREIRA
EDICIÓN EN ESPAÑOL: JOSUÉ BARRIOS, DANIEL LOBO Y EMANUEL BETANCES

ESTOS DEVOCIONALES FUERON PUBLICADOS PREVIAMENTE
EN LA REVISTA *TABLETALK.*

LIBRARY OF CONGRESS CONTROL NUMBER: 2022948867

SDG

PREFACIO

C on profunda claridad y poder, el Dios Todopoderoso habló mediante el profeta Isaías y declaró: «Yo, Yo soy el Señor, y fuera de Mí no hay salvador» (Is 43:11). Este era un mensaje que el pueblo de Dios necesitaba oír en los días de Isaías. Frente a las realidades del declive nacional y la amenaza de las invasiones extranjeras, los hombres y mujeres de los antiguos Israel y Judá no solían mirar solo al Señor Dios para su salvación.

A veces, esto significaba poner su esperanza en los dioses de los imperios que regían sobre el antiguo Cercano Oriente. En otras ocasiones, implicaba confiar en su propia sabiduría y sus propios esfuerzos por encontrar rescate, negociando alianzas con otras potencias o pagándoles para que los protegieran. Al hacer eso, estos antiguos miembros de la comunidad del pacto no habrían dicho que estaban rechazando al Señor. La idolatría en aquella época no consistía en abandonar por completo el culto al Dios verdadero, sino en adorar a otras deidades junto al Señor de Israel. Además, al buscar la ayuda de otras potencias terrenales, los hombres y las mujeres de Israel y Judá no creían estar dejando de confiar en el Señor. Pero desde la perspectiva divina, no confiar solo en Dios en realidad equivalía a no tener nada de confianza en Él.

Muchos podríamos pensar que ya no estamos enfrentando esa misma tentación. Sin embargo, la historia de la iglesia nos dice lo contrario. Incluso en los días de los apóstoles, algunos creyentes comenzaban a olvidar que, fuera del Señor, no hay ningún Salvador.

Como vemos en la carta de Pablo a los Gálatas, por ejemplo, algunos creían que confiar solo en Cristo no era suficiente para ser salvo. En cambio, uno debía combinar la fe con las obras para ser digno de la salvación. Desde entonces, ha habido gente en la Iglesia visible que no mira solo a Cristo para salvación, sino a Cristo y algo más.

La disputa entre quienes creen que la salvación es por medio de la fe en Cristo solo y los que creen que la salvación es por medio de la fe en Cristo más otra cosa llegó a su clímax en la Reforma protestante. En ese movimiento del siglo XVI, el Espíritu Santo guio a un grupo de pastores y teólogos, conocidos como los reformadores, para que recuperaran el evangelio bíblico que había sido oscurecido por siglos de enseñanza errónea. En la Edad Media, la Iglesia católica romana enseñaba que la salvación solo es para los que han llegado a ser dignos de esta, principalmente participando en los sacramentos de la iglesia. Bajo ese concepto, nadie puede estar seguro de su salvación. Buscando abordar estos errores, los reformadores resaltaron que la salvación no es por medio de la fe más las obras, sino mediante la fe en Cristo solo. Con el paso del tiempo, esta verdad, y otras doctrinas bíblicas relacionadas y necesarias para preservar la verdad esencial del evangelio, llegaron a ser conocidas como las cinco *solas* de la Reforma:

- *sola Scriptura*: la Escritura es la única autoridad infalible para la fe y la práctica.
- *solus Christus*: Cristo en Su persona y obra es el único Salvador.
- *sola gratia*: solo la gracia soberana de Dios logra la salvación.
- *sola fide*: la fe es el único instrumento mediante el cual somos unidos a Cristo y recibimos todos Sus beneficios.
- *soli Deo gloria*: el propósito de la salvación es darle toda la gloria a Dios solo.

EL ESTUDIO DE LAS *SOLAS*

Las cinco *solas* de la Reforma son verdades bíblicas esenciales que ratifican la enseñanza central del evangelio y de toda la Escritura: que solo el Señor Dios Todopoderoso nos salva del pecado, la muerte y Satanás. Además, las cinco *solas* nos ayudan a entender cómo y por qué el Señor es el único Salvador. Por lo tanto, es vital que todos los cristianos entendamos las cinco *solas* de la Reforma. Si las entendemos, conoceremos mejor a Dios, lo amaremos más, valoraremos de un modo más profundo todo lo que fue necesario para salvarnos y nos sentiremos motivados para vivir de una forma que redunde para la gloria de Dios. Las *solas* nos brindan un marco de referencia para ver cómo encajan las distintas partes del plan de redención de Dios y para ver el mensaje coherente y unificado de la Biblia en toda su hermosa diversidad.

CÓMO USAR ESTOS DEVOCIONALES

Estos devocionales están diseñados para ayudar a los creyentes a entender las cinco *solas* de la Reforma y vivir a la luz de estas verdades preciosas. Durante noventa días, explorarás cada una de las cinco *solas* y verás cómo se fundamentan en la Palabra de Dios. Además, podrás ver que en cada *sola* están encapsuladas varias otras verdades bíblicas.

Los devocionales están divididos en cinco secciones y cada una de estas está dedicada a una de las *solas*. Cada sección de dieciocho devocionales comienza con una breve introducción que define la *sola* que estudiaremos. Te recomendamos que leas la introducción antes de empezar los devocionales de la sección.

Cada devocional presenta el pasaje bíblico que estudiarás ese día y subraya el o los versículos más importantes del pasaje para el tema del estudio. Después del pasaje, encontrarás el cuerpo del estudio, que presenta información importante sobre el trasfondo del texto, una explicación de este y una discusión sobre cómo se relaciona con otras porciones de la Escritura y otros conceptos teológicos. Además, cada devocional incluye una sección con aplicaciones prácticas, como también una lista de pasajes adicionales relacionados con el estudio. Es recomendable que leas completamente el pasaje del estudio del día antes de pasar a las otras secciones del devocional.

Quiera el Señor que estos devocionales te ayuden a conocer más a nuestro gran Dios y Salvador. Que solo a Él sea la gloria para siempre.

SOLA
SCRIPTURA

I

LA ESCRITURA SOLA

Sola Scriptura es el principio de que la Palabra de Dios es la única regla infalible para la fe y la práctica. La salvación viene solamente del Señor nuestro Dios, quien, como es el Creador, debe ser la autoridad final sobre todo lo que hay en la creación. Por lo tanto, Su revelación es el juez supremo de la realidad. Aunque el Señor ha revelado verdades sobre Sí mismo y Su ley moral en la creación, Él ha revelado Su plan de salvación solo en las Escrituras del Antiguo y el Nuevo Testamento. En consecuencia, y como las Escrituras son las mismísimas palabras de Dios, no hay ningún tribunal superior a la Palabra de Dios para que entendamos cómo podemos ser salvos y qué es lo que el Señor espera de nosotros.

Dios ha instaurado varias autoridades más: por ejemplo, los padres, el gobierno y la iglesia. Sin embargo, todas estas son propensas a errar y pueden ser corregidas por la Escritura. La iglesia, los grandes eruditos y teólogos bíblicos, y otros pueden ayudarnos a entender la Biblia. De hecho, debemos someternos a la autoridad de la iglesia siempre y cuando esta se conforme a la enseñanza de la Escritura, pero no hay ninguna autoridad superior a la Escritura, lo cual se debe a que ella sola es la Palabra infalible de Dios.

LA REVELACIÓN NATURAL

SALMO 19 «LOS CIELOS PROCLAMAN LA GLORIA DE DIOS, Y
EL FIRMAMENTO ANUNCIA LA OBRA DE SUS MANOS» (V. 1).

Durante la época de la Reforma, los debates sobre la revelación divina se enfocaron en la autoridad de la Escritura
y en su relación con la autoridad de la iglesia y de su
tradición. Si bien los reformadores y la Iglesia católica romana
terminarían discrepando respecto a la autoridad final y la suficiencia de la Escritura, hay un aspecto de la revelación divina
en que tuvieron un buen grado de consenso. Tanto la teología
católica romana como la teología reformada confiesan que Dios
se revela a Sí mismo en Su creación.

En el lenguaje teológico, nos referimos a la autorrevelación de
Dios en el orden creado como revelación natural. Esta contrasta
con la revelación especial, en que Dios le habla de forma directa
a Su pueblo a través de un profeta o un apóstol. La revelación que
Dios hace de Sí mismo en la revelación natural es menos directa y
no está dirigida a una persona o a una comunidad específica, sino
a la humanidad en general. Por ese motivo, la revelación natural
también se conoce como revelación general.

Decimos que la revelación natural es menos directa que la revelación especial porque en la revelación natural el Señor no da a
conocer verdades específicas sobre la salvación, planes específicos
para los individuos ni nada de esa naturaleza. Más bien, revela Su
ser y atributos de un modo general. Básicamente, en la revelación
natural, Dios se revela como el Creador de todas las cosas. Como
vemos en el pasaje de hoy, incluso los cielos proclaman que son
obra de un Creador personal (v. 1).

El Salmo 19 enfatiza el carácter universal de la revelación natural. No hay ningún lugar del planeta donde la revelación natural
de Dios no proclame que Él existe y que ha hecho todas las cosas.
Romanos 1:20-21 profundiza un poco más en esta revelación, y
nos explica que la revelación natural proclama el poder de Dios
y el hecho de que le debemos honor, gratitud y adoración. No nos

dice todo lo que podemos saber sobre el Señor, y no podemos construir una teología extensa basándonos en la revelación natural. Sin embargo, sí nos dice lo suficiente: que somos criaturas y que hay un Creador al que debemos adoración.

A fin de cuentas, nadie puede ser ateo de verdad, pues la revelación natural es muy clara. Juan Calvino escribe: «De hecho, la esencia [de Dios] es incomprensible y trasciende totalmente todos los pensamientos humanos. Sin embargo, en cada una de Sus obras, Su gloria está grabada en letras tan brillantes, claras e ilustres que nadie, por torpe e iletrado que sea, puede alegar la excusa de la ignorancia» (*Institución* 1.5.1).

PARA ESTUDIO ADICIONAL

Salmo 14; Hechos 14:15-17; 17:22-29; Romanos 2:14-16

APLICACIÓN

La revelación natural tiene una esfera de acción limitada, pero eso no significa que no cumpla sus propósitos. Dios se revela en la naturaleza para que nadie pueda alegar que ignoraba Su existencia en el día final. Él comunica Su mensaje, y podemos aludir a la creación como prueba de Su existencia cuando hablamos con los incrédulos. No debemos tener miedo de usar la revelación natural de Dios para apuntar a los demás hacia Él.

DÍA 2

LOS LÍMITES DE LA REVELACIÓN NATURAL

ROMANOS 1:18-32 «PUES AUNQUE CONOCÍAN A DIOS, NO LO HONRARON COMO A DIOS NI *LE* DIERON GRACIAS, SINO QUE SE HICIERON VANOS EN SUS RAZONAMIENTOS Y SU NECIO CORAZÓN FUE ENTENEBRECIDO» (V. 21).

Dios se ha revelado con tanta claridad en el orden natural que nadie nunca podrá presentarse ante el Creador y decir que la evidencia de que Él existe y debe ser adorado era insuficiente. Ya hemos visto que la Biblia enseña esto en pasajes como el Salmo 19, y el pasaje de hoy enfatiza la misma idea incluso con más fuerza. Como dice Pablo en Romanos 1:20, los atributos invisibles de Dios, «Su eterno poder y divinidad, se

DÍAS 1 Y 2

han visto con toda claridad, siendo entendidos por medio de lo creado». Romanos 1:18-32 no solo proclama que el Señor se ha revelado de forma clara en la naturaleza, sino que también nos dice que la revelación natural tiene algunos límites. Dicho de forma sencilla, en la revelación natural, recibimos suficiente verdad sobre Dios para saber que Él existe, pero no recibimos suficiente información para ser salvos. De hecho, Pablo nos dice que cuando los pecadores entran en contacto con la autorrevelación de Dios en la naturaleza, restringen la verdad que han recibido. Sin la fe en Cristo, cuando la gente caída estudia la creación de Dios, se vuelve vana en su razonamiento y su corazón se entenebrece. No honran al Señor ni le dan gracias (v. 21). Es más, cambian la verdad que han visto en el orden creado por una mentira: se involucran en todo tipo de religión falsa e idolatría, para adorar a la criatura en vez de adorar al Creador (vv. 22-25). En resumen, los pecadores que ven la revelación natural al margen de la gracia y de la revelación divina del plan de salvación, crean a un dios a su propia imagen y se niegan a adorar al único Señor de todo.

La idolatría que surge cuando la gente recibe la revelación natural no es culpa de la revelación natural. Más bien, es culpa del pecado que permea a los seres humanos caídos. La revelación natural es insuficiente para la salvación, pero Dios nunca pretendió que fuera un medio de salvación. Por el contrario, como explica Pablo en Romanos 1-3, el propósito de la revelación natural es mostrarle a la gente la verdad sobre el Señor para que puedan ver la verdad sobre sí mismos: que son pecadores y necesitan ser salvos. Sin embargo, para que la gente sea redimida, hace falta algo más que la revelación natural. Para eso, es necesaria la revelación especial, la verdad sobre la obra de Dios en la historia, principalmente en la persona y obra de Jesucristo, que solo está disponible cuando nuestro Señor le habla a Su pueblo de forma directa para revelarle verdades que no enseña la naturaleza. Hoy en día, tenemos esa revelación especial solo en la Escritura.

PARA
ESTUDIO
ADICIONAL

Isaías
52:7; Nahúm
1:15; Marcos 16:15-
16; Romanos
10:14-15

APLICACIÓN

Podemos apelar a la revelación natural para mostrarle a la gente algunas verdades sobre el carácter de Dios e incluso para probar que han violado la ley moral que Él ha puesto en la conciencia de todas las personas. Sin embargo, nadie será salvo solo por observar la revelación natural. Debemos predicar el evangelio —darles a los hombres y a las mujeres las verdades de la revelación especial— o no podrán ser salvos de la ira de Dios.

DÍA 3

LA REVELACIÓN ESPECIAL

GÉNESIS 40 «ENTONCES LES DIJO JOSÉ [A LOS OFICIALES DE FARAÓN], "¿NO PERTENECEN A DIOS LAS INTERPRETACIONES? LES RUEGO QUE ME [CUENTEN SU SUEÑO]"» (V. 8B).

E n la Confesión de Fe de Westminster, que fue escrita por hombres que se adherían a la teología bíblica de la Reforma protestante, leemos que, aunque la revelación natural o general manifiesta la bondad, la sabiduría y el poder de Dios, es insuficiente «para dar aquel conocimiento de Dios y de Su voluntad que es necesario para la salvación» (CFW 1.1). Sin embargo, Dios no nos dejó sin una revelación que nos enseñe cómo podemos ser salvos, sino que «agradó al Señor, en diferentes épocas y de diversas maneras, revelarse a Sí mismo y declarar» Su voluntad salvífica a Su pueblo (1.1). Aquí la confesión hace referencia a lo que llamamos «revelación especial».

La revelación especial es la revelación en que Dios nos dice cuál es el camino de la salvación y qué significa vivir de un modo agradable para Él. Normalmente, identificamos a la Escritura como revelación especial, y eso es correcto. Sin embargo, en la historia de Su pueblo, Dios también ha entregado revelación especial por otros medios. Nota que la confesión habla de las «diversas maneras» en que se ha impartido revelación especial. Si contemplamos la historia del pueblo de Dios, veremos por qué dice eso. Por ejemplo, considera el pasaje de hoy, en el que José interpreta los sueños de dos miembros de la corte del faraón, y le atribuye tanto los sueños como su interpretación de forma directa a Dios (Gn 40:8). Por lo tanto, al menos en aquel punto del comienzo

I

DÍAS 2 Y 3

de la historia, Dios en ocasiones le hablaba a la gente a través de sueños para revelarle Su voluntad.

En otros pasajes del Antiguo Testamento, vemos que el Señor también le revelaba Su voluntad a Israel mediante el urim y el tumim del sumo sacerdote. Aunque no sabemos con exactitud qué eran el urim y el tumim, lo más probable es que se tratara de piedras o varas de colores distintos que podían sacarse del pectoral para discernir los propósitos de Dios. Se hacía una oración y, si salía el urim, el significado era uno, pero si salía el tumim, el significado era distinto (Éx 28:30; 1 S 14:41).

Podríamos seguir sumando ejemplos de las distintas formas en que alguna vez se impartió la revelación especial. No obstante, la más importante de todas es la forma escrita. Cuando Dios le habló a Su pueblo, algunos individuos como Moisés, los profetas y los apóstoles escribieron esa revelación que el Señor quería que tuviéramos a perpetuidad (Éx 24:4; Jr 36:4; 2 P 3:15). Como veremos, la revelación especial cesó a fines del primer siglo, así que la única revelación especial con que contamos hoy son las Escrituras del Antiguo y del Nuevo Testamento.

PARA
ESTUDIO
ADICIONAL

Jueces
6:36-40;
Joel 2:28-
29; Lucas
1:1-4;
2 Timoteo
3:14-15

APLICACIÓN

Mucha gente está buscando recibir una revelación de Dios en nuestros días. Sin embargo, no es necesario que busquemos nuevas revelaciones especiales, pues en la Escritura tenemos a nuestra disposición toda la revelación necesaria para saber cómo servir a Dios. Si queremos conocer la voluntad de Dios para nuestra salvación y nuestra vida, debemos estudiar y conocer el Antiguo y el Nuevo Testamento.

DÍA 4

LA REVELACIÓN FINAL DE DIOS

HEBREOS 1:1-4 «DIOS, HABIENDO HABLADO HACE MUCHO TIEMPO, EN MUCHAS OCASIONES Y DE MUCHAS MANERAS A LOS PADRES POR LOS PROFETAS, EN ESTOS ÚLTIMOS DÍAS NOS HA HABLADO POR *SU* HIJO, A QUIEN CONSTITUYÓ

HEREDERO DE TODAS LAS COSAS, POR MEDIO DE QUIEN HIZO TAMBIÉN EL UNIVERSO» (VV. 1-2).

Durante la Reforma protestante, la gente estaba buscando recibir palabras de Dios al igual que hoy. Los reformadores, entre ellos Martín Lutero y Juan Calvino, proclamaron que hay un solo lugar donde podemos encontrar revelación especial: las Escrituras del Antiguo y el Nuevo Testamento. Ellos afirmaron la doctrina de la sola Scriptura: la única fuente de revelación especial para la iglesia hoy es la Biblia, por lo que la Biblia es la única autoridad infalible para la iglesia.

Sin embargo, si Dios le ha dado revelación especial a la gente de otras formas, por ejemplo, en sueños (Gn 40), ¿cómo podemos saber hoy en día que la revelación especial no se encuentra en ningún lugar fuera de la Escritura? El pasaje de hoy nos ayuda a responder esa pregunta. Dios realmente le habló a Su pueblo en muchas ocasiones y de muchas maneras. No obstante, «en estos últimos días» —en esta era en que el Señor está cumpliendo Sus promesas— nos ha hablado de forma final y definitiva en Su Hijo (He 1:1-2). Por lo tanto, no buscamos la revelación especial en ningún otro lugar que no sea Cristo.

De todos modos, esto no significa que solo prestemos atención a las palabras concretas que pronunció Cristo durante Su ministerio terrenal. Desde luego, esas palabras están incluidas, es decir, recibimos los evangelios y las demás porciones del Nuevo Testamento que registran lo que el Señor dijo mientras anduvo en la tierra (p. ej., 1 Co 11:23-25) como revelación especial. Pero también recibimos como revelación especial lo que Cristo dijo que era revelación especial, es decir, «la ley de Moisés, los profetas y los salmos» (Lc 24:44). Como veremos a su debido tiempo, esta designación triple concuerda con los treinta y nueve libros del canon del Antiguo Testamento que seguimos los protestantes.

¿Y qué de los libros neotestamentarios que no registran lo que dijo nuestro Señor durante Su ministerio terrenal? También los recibimos como revelación especial debido al carácter único del oficio apostólico. Como solía observar el Dr. R.C. Sproul, en el mundo antiguo, el título *apóstol* se usaba incluso en el plano

I

DÍAS 3 Y 4

PARA
ESTUDIO
ADICIONAL

Éxodo
33:11a;
Juan 6:68;
1 Corin-
tios 15:1-
11; 1 Juan
1:1-4

secular para designar a las personas con autoridad plena para hablar en nombre de una autoridad superior. Los apóstoles de Jesús eran Sus voceros oficiales y tenían toda Su autoridad, así que sus escritos son palabras de Jesús, tanto como cualquier otra porción de la Escritura.

Solo los apóstoles hablan con una autoridad equivalente a la de Jesús durante la era del nuevo pacto. Hoy en día, no hay apóstoles porque no hay testigos oculares vivos de la resurrección que puedan confirmar a otros apóstoles (Hch 1:12-26; Gá 1:18 – 2:10). De esta manera, la revelación especial terminó con la muerte del último apóstol en el primer siglo.

APLICACIÓN

Hoy en día hay muchas personas que afirman ser apóstoles. Sin embargo, para poder ser apóstol, es necesario haber sido testigo ocular de la resurrección de Jesús o haber sido confirmado como apóstol por otros testigos oculares de la resurrección (Hch 1:12-26; Gá 1:18 – 2:10). Eso es imposible en nuestra época, así que no hay apóstoles vivos que nos den revelación especial. Debemos contentarnos con lo que tenemos: las palabras apostólicas y proféticas de la Escritura. Buscar palabras de Dios más allá de ellas es buscar en vano.

DÍA 5

LA ESCRITURA EXHALADA POR DIOS

2 TIMOTEO 3:16 «TODA ESCRITURA ES INSPIRADA POR DIOS Y ÚTIL PARA ENSEÑAR, PARA REPRENDER, PARA CORREGIR, PARA INSTRUIR EN JUSTICIA».

L os seres humanos hablamos con la boca cuando el aliento se mueve por nuestras cuerdas vocales, haciendo que vibren y produzcan sonidos que nuestros labios, lengua y dientes transforman en letras y palabras. Es necesario exhalar para poder hablar, y entender esta realidad nos ayuda a comprender la idea central de Pablo en el pasaje de hoy. La Escritura, nos dice, es resultado de la exhalación de Dios al hablar. Esta es una forma bastante clara de decir que la Escritura es el habla misma de Dios. Es Su Palabra.

El vocablo griego que se traduce como «inspirada» en 2 Timoteo 3:16 es *theopneustos*, y los apóstoles solo lo usan para describir la Escritura. En consecuencia, la Escritura tiene el carácter único de ser la voz y las palabras del Señor. Su singularidad es que sirve como revelación especial de Dios, como Su voluntad inspirada y revelada para Su pueblo. Hoy en día, no hay nada más que sea *theopneustos*, así que no podemos apuntar a nada fuera de la Escritura como Palabra de Dios.

Cuando decimos que la Escritura es *theopneustos*, estamos aludiendo a su inspiración divina. La Palabra de Dios escrita es idéntica al habla de Dios. Es exactamente lo que Él quiso que tuviéramos como revelación de Su voluntad y del modo de agradarle. Al mismo tiempo, esto no aminora el carácter humano de la Biblia. Dios exhaló Su Palabra, pero lo hizo usando a Sus profetas y apóstoles como instrumentos. Así, por ejemplo, las palabras del libro de Romanos son de Pablo: tienen el estilo y el carácter singular del apóstol. Sin embargo, también son Palabra de Dios, pues fueron dadas por Él. El hecho de que nuestro Señor haya usado a un hombre para darnos el libro de Romanos no hace en ningún sentido que sea inferior al habla misma de Dios. Lo mismo es cierto de todos los libros de la Escritura.

Siguiendo 2 Timoteo 3:16 y otros pasajes, los reformadores protestantes afirmaron la inspiración plenaria y verbal. La inspiración verbal significa que la inspiración atañe incluso a las palabras y no solo al contenido que estas transmiten. Si Jesús pudo apelar al tiempo de un verbo para zanjar una cuestión teológica («Yo soy el Dios de...»; Mt 22:23-33), la inspiración debe incluir las palabras específicas e incluso sus formas específicas. La inspiración plenaria significa que todas las palabras de la Escritura fueron dadas por Dios, y no solo algunas. No podemos decir que el Señor solo dijo las palabras de la Biblia que tienen que ver con doctrina, pero no las que registran sucesos históricos. No, Dios las dijo todas, usando el estilo característico de cada autor humano para darnos Su Palabra para todo lo que tiene que ver con la vida.

PARA
ESTUDIO
ADICIONAL
_____

Éxodo
34:27; Juan
10:35;
Hebreos 3:7;
2 Pedro
1:21

Pablo dice que toda la Escritura —todo lo que ha sido recibido como el canon— es la Palabra de Dios, y no solo algunas porciones selectas (2 Ti 3:16).

APLICACIÓN

El proceso de la inspiración bíblica es misterioso, pues no sabemos con exactitud cómo Dios movió a los autores humanos de la Escritura para darnos Su Palabra. Sin embargo, sí sabemos que la Escritura es la Palabra de Dios, así que podemos confiar en que no nos dará nada que no sea la verdad de Dios. Cuando queramos saber la voluntad de Dios para nosotros, debemos volvernos a la Escritura, pues solo allí encontraremos la guía del Señor.

DÍA 6

LA SUFICIENCIA BÍBLICA

2 TIMOTEO 3:17 «... A FIN DE QUE EL HOMBRE DE DIOS SEA PERFECTO, EQUIPADO PARA TODA BUENA OBRA».

E stamos considerando la doctrina de la Escritura que afirmaban los reformadores protestantes y que se encapsula en la frase latina sola Scriptura. Según el principio reformado (y bíblico) de la sola Scriptura, la Escritura es la única regla infalible de fe para la iglesia. Como la Palabra de Dios es la única revelación especial *theopneustos* (exhalada por Dios) que tenemos hoy (2 Ti 3:16), ninguna regla de fe puede suplantar la Escritura. No hay un tribunal superior al que podamos apelar en materia de fe y práctica porque hoy en día, fuera de la Escritura, no hay ningún lugar donde podamos encontrar la voz de Dios con seguridad. El hecho de que la Palabra de Dios sea inspirada no significa que Él la haya dictado o que haya anulado la personalidad, los dones y las preferencias estilísticas de los autores humanos mediante los cuales la Palabra escrita de Dios llegó hasta nosotros. Sí significa que obró en y a través de esos autores, de manera que las palabras de ellos son las palabras de Él.

La *sola Scriptura* también nos lleva a la doctrina de la suficiencia bíblica. Decir que la Escritura es suficiente equivale a decir que la Biblia contiene todo lo que necesitamos para determinar qué debemos creer y cómo debemos vivir ante Dios. Es necesario que interpretemos la Escritura para entender qué debemos creer y cómo debemos actuar, pero la suficiencia de la Escritura indica que no necesitamos otra fuente de revelación especial para la fe y la vida en adición a la Biblia.

Hay pasajes como 2 Timoteo 3:17 que afirman la suficiencia de la Escritura. Luego de declarar que la Palabra de Dios es «útil para enseñar, para reprender, para corregir, para instruir en justicia» (v. 16), Pablo explica que la Escritura basta para hacernos «[perfectos, equipados] para toda buena obra». La Escritura en su totalidad es todo lo que necesitamos para estar plenamente preparados para servir al Señor. Las buenas obras son cualquier cosa que agrade a Dios, así que este texto cubre todo el abanico, desde determinar la sana doctrina hasta saber qué acciones el Señor requiere de nosotros como pruebas de nuestra fe en Él (ver Stg 2:14-26). Estar equipados para toda buena obra requiere que entendamos los fundamentos doctrinales de las acciones agradables a Dios y las acciones mismas, lo que se aprecia en el hecho de que las epístolas del Nuevo Testamento suelen pasar de presentar la doctrina que debemos creer a la aplicación práctica y la instrucción moral. Al comentar el pasaje de hoy, Juan Calvino dice que ser perfecto significa ser «alguien en quien no hay nada defectuoso». Para evitar ser defectuosos en la fe y la vida, debemos estudiar la Escritura y poner en práctica sus enseñanzas.

PARA ESTUDIO ADICIONAL

Esdras 7:10; Salmo 73:24; 119:105; 2 Pedro 1:19; Judas 3

APLICACIÓN

Nos vemos tentados a buscar la voluntad de Dios en otros lugares fuera del único en que Él la ha revelado: Su Palabra. Cuando pensamos en la voluntad de Dios para nuestra vida, debemos tener el cuidado de seguir la guía de la Escritura. Esta es suficiente para darnos los principios que necesitamos para agradar a Dios dondequiera que estemos y en lo que sea que estemos llamados a hacer.

DÍAS 5 Y 6

I

LA AUTORIDAD BÍBLICA

JUAN 10:35 «… LA ESCRITURA NO SE PUEDE VIOLAR».

Los historiadores suelen describir la doctrina de la Escritura, y en particular la doctrina de la autoridad de la Escritura, como la causa formal de la Reforma. En términos filosóficos, una causa formal es una especie de esbozo o plan; es lo que determina la forma o el aspecto de algo. Decir que la autoridad final de la Escritura fue la causa formal de la Reforma es decir que las posturas divergentes sobre la autoridad bíblica de los protestantes y los católicos romanos explican por qué la Reforma tomó la forma que tomó. Como los reformadores creían que la Escritura es la única autoridad infalible para la iglesia (*sola Scriptura*), también afirmaban que la tradición de la iglesia y los obispos podían ser corregidos por la Escritura cuando la Biblia entraba en conflicto con otras autoridades. Por otro lado, los católicos romanos decían que la tradición de la iglesia y el magisterio (los oficiales docentes de la iglesia) tenían la misma autoridad que la Escritura. Por eso Roma no se dejó corregir en cuestiones como la justificación y la adoración, pues sus posturas sobre esos asuntos estaban determinadas por tradiciones extrabíblicas que, según ellos creían, tenían autoridad divina.

El hecho de que la Escritura está por sobre todas las otras autoridades resulta evidente incluso al leer la Biblia de forma superficial. En primer lugar, el carácter ontológico (relativo al ser o la esencia) único de la Escritura como *theopneustos* (exhalada por Dios) significa que todas las demás autoridades están en un nivel más bajo por naturaleza. Por definición, Dios es la autoridad más alta que puede haber (He 6:13), así que lo que Él dice es el árbitro final de la verdad. Además, si el único lugar en que tenemos Sus palabras es la Escritura, entonces la Escritura es el tribunal con más autoridad al que podemos apelar. No hay nada más que esté al mismo nivel, pues solo la Escritura es *theopneustos* (2 Ti 3:16-17).

Además, cuando observamos el ejemplo del propio Cristo, hallamos que Él consideraba que la Escritura tiene autoridad suprema.

Por ejemplo, en el pasaje de hoy, Jesús dice que «la Escritura no se puede violar» (Jn 10:35). Podemos dejar de lado otras tradiciones y autoridades (Mt 15:1-9), pero «la doctrina de la Escritura es inviolable» (Juan Calvino).

Decir que la Escritura es la única autoridad infalible y la autoridad final para la iglesia no significa que no haya otras autoridades a las que los creyentes debamos prestar atención. Por ejemplo, Dios inviste de autoridad a Su iglesia como «columna y sostén de la verdad» (1 Ti 3:15). Sin embargo, las otras autoridades son secundarias, y su autoridad es derivada: solo tienen derecho a darnos órdenes cuando lo que enseñan se conforma a la Palabra escrita de Dios.

PARA ESTUDIO ADICIONAL

Deuteronomio 13; 28:15-68; Mateo 5:17-20; Marcos 7:9-13; Hechos 15:1-21

APLICACIÓN

La tradición de la iglesia y las enseñanzas que recibimos en nuestras iglesias locales son vitales para ayudarnos a entender las Escrituras. Sin embargo, en última instancia, esas autoridades, al igual que todas las demás, están sujetas a la Palabra de Dios. Nadie puede exigir que creamos o hagamos algo que sea contrario a la Escritura. Debemos someternos a las autoridades ordenadas por Dios en la iglesia, pero solo en la medida en que enseñen lo que la Escritura enseña.

DÍA 8

EL PODER Y LA INFALIBILIDAD DE LA ESCRITURA

ISAÍAS 55:10-11 «ASÍ SERÁ MI PALABRA QUE SALE DE MI BOCA, NO VOLVERÁ A MÍ VACÍA SIN HABER REALIZADO LO QUE DESEO, Y LOGRADO *EL PROPÓSITO* PARA EL CUAL LA ENVIÉ» (V. 11).

Los reformadores protestantes trabajaron para lograr muchas cosas, pero el objetivo por el que tal vez más se esmeraron fue restaurar la confianza de la iglesia en la Escritura. Al enfatizar la inspiración y autoridad única de la Biblia, los reformadores trataron de hacer que la Iglesia occidental se sometiera a la Palabra de Dios después de seguir por muchos años a los que afirmaban tener demasiada autoridad. Reconocieron que los cristianos se ven tentados todo el tiempo a buscar el poder de Dios en cosas como técnicas, reliquias, el Estado y las personalidades individuales. Sin embargo, para el ministerio, el Señor ha investido Su poder en un solo lugar, y ese es Su Palabra.

Isaías 55:10-11 enfatiza el poder con que el Señor ha investido Su revelación. La Palabra que sale de la boca de nuestro Creador —es decir, la Escritura, que es «inspirada por Dios» (2 Ti 3:16-17)— no puede dejar de cumplir los propósitos que el Señor tiene para ella. Cuando Dios envía Su Palabra para que efectúe la salvación de una persona, esa persona no se resistirá de forma definitiva a Su revelación. La Palabra convertirá al hombre, la mujer o el niño al que Dios pretende salvar. Al mismo tiempo, cuando el Señor envía Su Palabra a alguien a quien no ha escogido para salvación, esa revelación redundará en que el corazón endurecido de esa persona se endurecerá aún más. La Palabra de Dios es poderosa y eficaz para revelar el camino de la salvación a las ovejas de Cristo y para esconderlo de los cabritos, los que no han sido elegidos para redención desde antes de la fundación del mundo (Mt 11:25-27).

Así como la Palabra de Dios no puede dejar de cumplir los propósitos para los que fue enviada, tampoco puede dejar de enseñar la verdad. Las Escrituras son infalibles, es decir, incapaces de enseñar el error. Esa es una consecuencia necesaria de la inspiración divina y la omnipotencia de Dios. La Escritura es exhalada por Dios, y como Dios es verdad en Sí mismo (Jesús, quien es Dios encarnado, se identifica como la verdad; Jn 14:6), es incapaz de mentir. «Probada es toda palabra de Dios», nos dice Proverbios 30:5.

PARA
ESTUDIO
ADICIONAL

Job 34:12;
Salmo
119:25, 107;
1 Corin-
tios 1:18;
Hebreos
4:12-13

El poder de Dios garantiza la infalibilidad de Su Palabra escrita. Algunas personas dicen que es posible que la Escritura contenga errores porque fue escrita por seres humanos, y los humanos tenemos la capacidad de errar. Sin embargo, tener la capacidad de errar y cometer un error, de hecho, son dos cosas distintas. «Todas las cosas son posibles para Dios» (Mr 10:27), e indudablemente Él puede inspirar a las personas para que escriban de tal modo que resulte imposible que sus palabras enseñen error.

APLICACIÓN

Afirmamos el origen humano de la Escritura, pues fue escrita por seres humanos y tiene las marcas de autoría humana. Sin embargo, también afirmamos el origen divino de la Escritura, es decir, que Dios supervisó a los autores del texto bíblico de modo que el producto final no pueda enseñar la falsedad. Si creemos algo distinto, hemos negado la omnipotencia de Dios y no tenemos ninguna razón para confiar en que Él pueda salvarnos.

DÍA 9

LA INERRANCIA DE LA BIBLIA

SALMO 18:30 «EN CUANTO A DIOS, SU CAMINO ES PERFECTO; ACRISOLADA ES LA PALABRA DEL SEÑOR; ÉL ES ESCUDO A TODOS LOS QUE A ÉL SE ACOGEN».

Ya que la Escritura es la única fuente de revelación especial con que contamos, es la única autoridad infalible y final para la iglesia. Esta es la doctrina de la *sola Scriptura*, que los reformadores protestantes abrazaron para corregir los errores según los cuales otras autoridades, como la tradición eclesiástica posterior a la Biblia, eran equivalentes a la Escritura como reglas de fe. Como hemos visto, la doctrina de la *sola Scriptura* es una consecuencia necesaria de pasajes como 2 Timoteo 3:16-17, que afirma que solo la Escritura es «exhalada por Dios» o inspirada divinamente. Además, como Dios es incapaz de errar, todo lo que Él inspira también es incapaz de enseñar error.

Nuestra doctrina de la infalibilidad bíblica, que dice que la Biblia no puede enseñar error, tiene que ver con la capacidad de la Escritura, con lo que puede y no puede hacer. Sin embargo, si la Escritura no puede enseñar falsedad, eso tiene implicaciones en cuanto a lo que la Escritura realmente es. Puesto que la Biblia es incapaz de enseñar error, la Escritura está, en efecto, libre de error. La Palabra de Dios no afirma nada que sea falso, y esta doctrina la conocemos como la doctrina de la inerrancia escritural o bíblica.

DÍAS 8 Y 9

I

La inerrancia escritural es una consecuencia buena y necesaria de la infalibilidad bíblica, pero también se enseña de forma explícita en los escritos bíblicos. Por ejemplo, en el pasaje de hoy encontramos una afirmación sólida de que todas las palabras del Señor son verdaderas (Sal 18:30). Al comentar este texto, Juan Calvino escribe: «La Palabra de Dios es pura y, al igual que la plata bien refinada y purificada de toda su escoria, no tiene ninguna mixtura, fraude ni engaño». Otro pasaje importante que demuestra la inerrancia de la Escritura es Juan 17:17, donde Jesús le dice a Su Padre: «Tu palabra es verdad».

Es importante notar que, cuando hablamos de la inerrancia bíblica, estamos hablando del texto original de la Escritura, no de sus copias manuscritas. No contamos con las copias originales que escribieron los apóstoles y profetas; en cambio, tenemos copias de esos escritos. Como solo los apóstoles y profetas fueron inspirados, solo el texto escrito por ellos es inerrante. Las distintas copias pueden contener, y de hecho contienen, diferencias, palabras adicionales y otras discrepancias entre sí. No obstante, eso no es problema, pues la Biblia está mejor preservada que cualquier otro libro antiguo, y podemos reconstruir el texto original que escribieron los apóstoles y profetas aunque todo lo que tengamos sean muchísimos manuscritos producidos por escribas que copiaron la Biblia.

PARA
ESTUDIO
ADICIONAL

2 Samuel
7:28;
Salmo 12:6;
Eclesias-
tés 12:10;
Colosenses
1:5b

APLICACIÓN

No tenemos los manuscritos originales escritos por los apóstoles y profetas, pero podemos determinar cuál era el texto original comparando los diversos manuscritos que sí tenemos. Por lo tanto, podemos tener la confianza de que contamos con una Biblia inerrante en sus idiomas originales. No es necesario que temamos ni que pensemos que la Escritura puede contener errores, así que podemos tener plena confianza en estos escritos. Al hacerlo, estamos confiando en Dios mismo.

LA CLARIDAD DE LA ESCRITURA

DEUTERONOMIO 6:6-9 «ESTAS PALABRAS QUE YO TE MANDO HOY, ESTARÁN SOBRE TU CORAZÓN. LAS ENSEÑARÁS DILI-GENTEMENTE A TUS HIJOS, Y HABLARÁS DE ELLAS CUANDO TE SIENTES EN TU CASA Y CUANDO ANDES POR EL CAMINO, CUANDO TE ACUESTES Y CUANDO TE LEVANTES» (VV. 6-7).

E n la época medieval, los comentaristas bíblicos desarro-llaron un método complejo para interpretar la Escritura conocido como *cuadriga*. Según la *cuadriga* medieval, todos los pasajes bíblicos tenían un sentido cuádruple: uno literal, uno moral, uno alegórico y uno analógico. Conocer el sentido literal o más obvio de un pasaje era algo bueno, pero conocer el elevado sentido moral, alegórico y analógico era aún mejor. Sin embargo, quienes podían alcanzar esos otros sentidos más ocultos de la Escritura eran muy pocos. Esto tendió a oscurecer el sentido y significado de la Biblia para las personas sin educación y pro-dujo toda clase de interpretaciones caprichosas por parte de los más eruditos. Por ejemplo, solo los pensadores más «avanzados» podían ver que el censo registrado en Números en realidad no tenía que ver con el número de los soldados israelitas, sino con los diversos pasos necesarios para que el alma ascendiera a Dios.

Desde luego, no hay nada en la Escritura misma que justifique está forma de abordar la interpretación bíblica. De hecho, si hay algo que la Biblia enseña sobre sí misma, es que su mensaje básico es tan claro que cualquiera, incluso un niño, puede entenderlo. Esta idea se conoce como la claridad o la perspicuidad de la Escri-tura. Fue una doctrina abrazada por los reformadores protestantes, que se esforzaron por hacer que la iglesia volviera al sentido más claro y literal de la Biblia.

El hecho de que la Biblia es tan clara que incluso un niño puede entenderla está implícito en pasajes como Deuteronomio 6:6-9. Moisés le ordena al pueblo de Israel que les enseñen a sus hijos los mandamientos revelados por Dios. Eso implica que los niños son capaces de entender y aplicar la Palabra de Dios cuando sus

PARA
ESTUDIO
ADICIONAL

Salmo
119:130;
Prover-
bios 1:8-
9; Marcos
12:35-37;
2 Timoteo
3:14-15

padres se la enseñan. Pero nota que también implica que las madres y los padres comunes son capaces de entender la Escritura lo suficientemente bien como para enseñarla a sus hijos. Esto es especialmente notable, pues la mayoría de las personas a las que Moisés les dijo estas palabras en su contexto original no tenían mucha educación y muchas de ellas ni siquiera sabían leer. Con todo, ninguno de esos factores era un obstáculo que les impidiera entender las Escrituras y enseñarlas a otros.

La claridad de la Escritura no niega que algunos pasajes bíblicos sean difíciles de entender (2 P 3:15-16). Sí significa que cualquier persona que estudie la Palabra de Dios puede discernir el mensaje básico de la salvación y lo que significa agradar al Señor.

APLICACIÓN

Muchas personas tratan la Biblia como si fuera un rompecabezas o un código secreto lleno de mensajes ocultos a los que solo pueden acceder unos pocos privilegiados. Sin embargo, no hay nada más lejano a la realidad. Cualquier persona que haga el esfuerzo básico de leer la Escritura en su contexto puede entenderla. Podemos leer y escuchar la Escritura de forma provechosa, pues sabemos que el mensaje de Dios para nosotros es claro.

DÍA 11

EL CANON DEL ANTIGUO TESTAMENTO

LUCAS 24:44 «JESÚS LES DIJO: "ESTO ES LO QUE YO LES DECÍA CUANDO TODAVÍA ESTABA CON USTEDES: QUE ERA NECESARIO QUE SE CUMPLIERA TODO LO QUE SOBRE MÍ ESTÁ ESCRITO EN LA LEY DE MOISÉS, EN LOS PROFETAS Y EN LOS SALMOS"».

Enfrentados a la posibilidad de perder Europa a manos de los protestantes, los católicos romanos convocaron un concilio para responder a los reformadores y sus ideas. Esa asamblea, el Concilio de Trento, se reunió de forma intermitente entre los años 1545 y 1563. Trento es uno de los concilios más importantes que ha celebrado Roma, pues definió el dogma católico romano sobre la justificación, los sacramentos y otros asuntos.

Una de las preguntas claves que Trento tuvo que responder para la iglesia de Roma era la de la extensión del canon de la Escritura, la lista de los libros que la iglesia reconoce como inspirados por Dios y, en consecuencia, como fuentes de su teología. A diferencia de los protestantes, el Concilio de Trento afirmó que, además de los treinta y nueve libros del Antiguo Testamento que los reformadores recibían como Escritura, los libros apócrifos o deuterocanónicos también son canónicos para la Iglesia católica romana. Sin embargo, al afirmar que los libros apócrifos o deuterocanónicos como 1 y 2 Macabeos, Tobías y Judit son Escritura, el Concilio de Trento también se opuso a la tradición de la iglesia. Los principales eruditos bíblicos de la historia eclesiástica, entre ellos Jerónimo, no creían que los libros apócrifos formaran parte de la Escritura, e incluso muchos católicos romanos que asistieron al Concilio de Trento no querían que Roma declarara esos libros como canónicos.

Cuando vemos a Jesús y a los apóstoles, queda claro que los protestantes tenían razón. Cada vez que Jesús y los apóstoles citan un libro que consideran Escritura, introducen la cita con una fórmula como «escrito está» o «la Escritura dice» (p. ej., Mt 4:4; Ro 10:11). A veces, el Nuevo Testamento alude a libros apócrifos, pero esos libros nunca son citados como si formaran parte de la Escritura (p. ej., Jud 14-15).

El pasaje de hoy nos muestra de forma clara que, para Jesús, el canon del Antiguo Testamento solo incluía los libros de nuestro canon protestante. Él se refiere a la ley de Moisés, los profetas y los Salmos (Lc 24:44), que corresponden al canon tradicional judío, el cual contiene los mismos libros de nuestro canon del Antiguo Testamento, aunque en un orden distinto. La ley se refiere a los libros desde Génesis hasta Deuteronomio. Los profetas son Josué, Jueces, Samuel, Reyes e Isaías hasta Malaquías, menos Daniel y Lamentaciones. Los escritos abarcan todo el resto de nuestro Antiguo Testamento; a veces, los judíos del primer siglo llamaban a esta sección «los salmos», ya que el libro de los Salmos es el más extenso y famoso de los escritos.

PARA ESTUDIO ADICIONAL

Nehemías 8:1-8; Daniel 9:1-2; Mateo 7:12; Juan 1:45

I

DÍAS 10 Y 11

APLICACIÓN

Jesús es nuestro Señor, así que si queremos ser fieles a Él, no debemos tener un canon del Antiguo Testamento que sea distinto al que Él tenía. Los libros apócrifos pueden ser útiles como obras históricas, e incluso como depósitos de sabiduría humana, pero no son inspirados divinamente ni pueden determinar la doctrina. Nuestra teología solo debe derivarse de obras inspiradas por Dios, así que debemos ser cuidadosos para probar todas nuestras creencias a la luz de las Escrituras inspiradas.

DÍA 12

EL CANON DEL NUEVO TESTAMENTO

2 PEDRO 3:15-16 «CONSIDEREN LA PACIENCIA DE NUESTRO SEÑOR *COMO* SALVACIÓN, TAL COMO LES ESCRIBIÓ TAMBIÉN NUESTRO AMADO HERMANO PABLO, SEGÚN LA SABIDURÍA QUE LE FUE DADA. ASIMISMO EN TODAS *SUS* CARTAS HABLA EN ELLAS DE ESTO; EN LAS CUALES HAY ALGUNAS COSAS DIFÍCILES DE ENTENDER, QUE LOS IGNORANTES E INESTABLES TUERCEN, COMO TAMBIÉN *TUERCEN* EL RESTO DE LAS ESCRITURAS, PARA SU PROPIA PERDICIÓN».

Si la Escritura es la única regla infalible de fe y práctica para la iglesia, es vital que sepamos cuáles libros constituyen la Escritura. Después de todo, hay muchos libros que afirman ser de Dios o que otras personas dicen que son divinos. ¿Cómo, entonces, identificamos lo que el Señor ha inspirado y lo que no?

Como hemos visto, identificar el canon del Antiguo Testamento es relativamente fácil. Si Jesús es el Señor, entonces queremos tener el canon que Él seguía, y sabemos que Su canon del Antiguo Testamento era el mismo canon protestante de treinta y nueve libros.

Las cosas son más complicadas cuando hablamos del Nuevo Testamento. Sin embargo, la historia de la iglesia nos muestra que hubo consenso pronto respecto al canon del Nuevo Testamento. Algunos libros —entre ellos los cuatro evangelios, las epístolas paulinas, los Hechos de los apóstoles, 1 Pedro y 1 Juan— fueron aceptados de forma universal, sin que casi nadie dudara de su condición escritural. Sin embargo, algunos creyentes primitivos tenían dudas sobre libros como Apocalipsis y el resto de las epístolas de Juan. A la larga, hubo factores objetivos que ayudaron a la iglesia a recibir estos libros como Escritura: afirmaban de forma creíble que eran de autoría apostólica, enseñaban de un modo que armonizaba con los demás libros que no estaban siendo cuestionados y eran leídos en las iglesias de todas partes del mundo conocido. Hacia mediados del siglo IV d. C., la iglesia ya había zanjado el asunto con los veintisiete libros del Nuevo Testamento y los reformadores protestantes creían en ese canon al igual que los católicos romanos.

Aunque la iglesia apeló a los factores objetivos ya mencionados con relación a los libros del Nuevo Testamento mientras discernía la extensión de la Escritura, la recepción del canon también involucró factores subjetivos. Como la Escritura viene de Dios y no hay ninguna autoridad superior a la del Señor, la razón final por la que la iglesia recibió este canon fue que escuchó la voz de Dios en las páginas de los libros recibidos. Si bien las evidencias objetivas de la canonicidad son persuasivas y necesarias, a fin de cuentas somos convencidos de recibir la Escritura como Escritura por la obra del Espíritu Santo en los corazones de Su pueblo. Juan Calvino escribió: «Estas palabras [las de la Escritura] no obtendrán crédito pleno en el corazón de los hombres a menos que sean selladas por el testimonio interno del Espíritu. Por lo tanto, el mismo Espíritu que habló por la boca de los profetas debe penetrar en nuestros corazones para convencernos de que ellos transmiten fielmente el mensaje que Dios les ha confiado» (*Institución* 1.7.4).

PARA ESTUDIO ADICIONAL

Juan 14:26; Hechos 13:48; 1 Tesalonicenses 1:4-5; 2 Timoteo 1:14

APLICACIÓN

Al confesar que la Escritura se autentifica a sí misma, estamos afirmando que su autoridad no se deriva de la iglesia ni de ninguna otra autoridad fuera de Dios mismo. Creemos en Cristo porque el Espíritu Santo nos convence y creemos en la Escritura porque el Espíritu Santo nos convence. Tenemos evidencias objetivas en favor de nuestras creencias y debemos afirmarlas, pero solo el Espíritu puede hacer que confiemos en la Palabra de Dios.

I

DÍAS 11 Y 12

DÍA 13

MANEJAR CON PRECISIÓN LA PALABRA DE VERDAD

2 TIMOTEO 2:15 «PROCURA CON DILIGENCIA PRESENTARTE A
DIOS APROBADO, *COMO* OBRERO QUE NO TIENE DE QUÉ AVERGON-
ZARSE, QUE MANEJA CON PRECISIÓN LA PALABRA DE VERDAD».

Martín Lutero suele ser visto como alguien que defendió el derecho de los individuos cristianos a interpretar la Biblia por sí mismos. En buena medida, eso es correcto. A fin de cuentas, el propio Lutero defendió con firmeza la doctrina de la justificación por la fe sola debido a que su lectura de la Escritura lo había convencido de que esa doctrina era cierta aunque gran parte de la iglesia medieval discrepara al respecto. Lutero también es famoso por traducir la Biblia al alemán para que los laicos pudieran leerla, o al menos entenderla cuando fuese leída a ellos. Él y los demás reformadores creían que la Biblia no era un libro sellado que solo estaba disponible para la élite académica y el clero, sino que era posesión de todos los cristianos.

Sin embargo, ni Lutero ni los demás reformadores protestantes creían que los cristianos tuvieran el derecho de interpretar la Escritura de forma incorrecta en su interpretación privada. La doctrina de la *sola Scriptura* no significa que los cristianos solo deben prestar atención a su visión personal de la Biblia ni que podamos hacer que las Escrituras signifiquen cualquier cosa que queramos. Después de todo, muchas veces se repite que Martín Lutero dijo: «El Espíritu Santo no es un escéptico». El significado de la Escritura no es tan incierto como para que todos podamos idear nuestras propias opiniones sin nunca conocer la verdad. Afirmar que la verdad divina es totalmente subjetiva y que no la podemos conocer de manera objetiva sería una opinión escéptica. La Escritura es la única autoridad infalible para la iglesia, pero no es la única autoridad. Hay otras autoridades que pueden darnos órdenes, en la medida en que concuerden con la Escritura. La tradición de la iglesia, que incluye la enseñanza de los concilios, los teólogos y los docentes ordenados, es una autoridad inferior que puede ayudarnos a entender la Palabra de Dios y nos sirve como vara para comparar nuestras interpretaciones personales de la Escritura. Una buena regla práctica es que si pensamos que hemos encontrado algo nuevo, es probable que hayamos leído la Escritura de un modo incorrecto. Al fin y al cabo, los reformadores no afirmaron que estaban enseñando doctrinas nuevas, y apelaban con regularidad a los padres de la iglesia y a otras personas para respaldar sus posturas.

Junto al derecho a la interpretación privada, viene la obligación de interpretar la Escritura de forma correcta. Debemos trabajar de un modo diligente con el texto para manejar con precisión «la palabra de verdad» (2 Ti 2:15), como nos dice Pablo en el pasaje de hoy. Sigamos principios de interpretación sanos y leamos la Biblia en la comunidad del pueblo de Dios —la iglesia— para que no nos desviemos.

PARA
ESTUDIO
ADICIONAL

Esdras
7:1-10;
Nehemías
8:1-8;
Hechos
20:28-32;
Efesios
4:11-14

APLICACIÓN

Durante miles de años, ha habido hombres y mujeres piadosos con el mismo Espíritu Santo que mora en nosotros leyendo e interpretando la Escritura. Por lo tanto, seríamos necios si ignoráramos sus escritos y enseñanzas. Es bueno que tengamos acceso a los escritos de algunos de los mejores intérpretes de la historia de la iglesia, hombres como Juan Calvino y Martín Lutero. A veces se equivocan al igual que nosotros, pero son una guía útil para entender la Palabra de Dios.

DÍA 14

ENSEÑANZA EXPLÍCITA E IMPLÍCITA

1 CORINTIOS 10:1-11 «ESTAS COSAS LES SUCEDIERON COMO EJEMPLO, Y FUERON ESCRITAS COMO ENSEÑANZA PARA NOSOTROS, PARA QUIENES HA LLEGADO EL FIN DE LOS SIGLOS» (V. 11).

I

DÍAS 13 Y 14

hora que hemos reconocido nuestra obligación de interpretar la Biblia de una manera sana, consideraremos una de las reglas más importantes para identificar el significado de un pasaje bíblico. Cada vez que leemos las Escrituras, es vital que recordemos el principio de que los pasajes bíblicos que enseñan de forma explícita y directa deben controlar nuestra interpretación de los pasajes que transmiten su enseñanza de un modo menos directo y más implícito.

Como ejemplo de la distinción entre los pasajes que enseñan de forma implícita y los que enseñan de un modo más explícito, consideraremos lo que dice el Nuevo Testamento sobre la resurrección de Jesús. Cada una de las narraciones de la resurrección que encontramos en los cuatro evangelios describe el evento dejando claro que ocurrió un milagro cuando Cristo se levantó del sepulcro. La presencia de ángeles, el hecho de que se moviera una piedra extremadamente pesada y las apariciones de Jesús se suman e indican que ocurrió un milagro, y como solo Dios tiene el poder de hacer milagros, podemos concluir que los evangelios enseñan de forma implícita que Dios levantó a Jesús de entre los muertos. Sin embargo, ninguno de los evangelios, al menos en la narración de los sucesos de la resurrección, dice de forma directa: «Dios resucitó a Jesús de entre los muertos». No obstante, sí encontramos afirmaciones así de explícitas en otros pasajes, como Efesios 1:20. Ese versículo de la carta de Pablo podría ser un ejemplo de pasaje que enseña de forma explícita y directa.

Los pasajes de la Escritura que enseñan de forma implícita moldean nuestra teología, pero si permitimos que las enseñanzas implícitas contradigan lo que la Biblia dice de forma explícita y directa, llegaremos a conclusiones erróneas. Por ejemplo, hay varios pasajes de la Biblia que dicen que el Señor desistió o cambió de parecer (p. ej., Éx 32:14; Jon 3:10). Si dejamos que esos textos controlen nuestra teología e invaliden otras enseñanzas más explícitas que se encuentran en la Palabra de Dios, terminaremos creyendo que, al igual que nosotros, Dios a veces encuentra información nueva, circunstancias imprevistas o algo más que lo hace experimentar un verdadero cambio de parecer como el que nosotros podríamos tener. Sin embargo, las porciones más explícitas y didácticas de la Escritura nos dicen lo contrario. Números 23:19 afirma: «Dios no es hombre, para que mienta, ni hijo de hombre, para que se arrepienta». Aquí tenemos un versículo que nos dice de forma directa que Dios no hace lo que algunos pasajes parecen sugerir. Por lo tanto, concluimos que cuando se describe que Dios se arrepiente, eso es antropomórfico. Dios desiste, pero Él sabía que lo haría desde siempre. Él no se arrepiente como lo hacemos nosotros.

APLICACIÓN

Las sectas suelen basar su doctrina en pasajes bíblicos difíciles y en conclusiones sacadas de enseñanzas implícitas que contradicen la enseñanza explícita de la Escritura. Debemos tener el cuidado de nunca hacer eso. Si nuestras creencias contradicen la enseñanza explícita de la Escritura, podemos estar seguros de que lo que creemos es erróneo.

PARA ESTUDIO ADICIONAL

Deuteronomio 4:15-24; Proverbios 8:33; Marcos 4:1-20; Santiago 3:1

LEER LA BIBLIA DE MANERA HOLÍSTICA

MATEO 19:1-9 «¿NO HAN LEÍDO QUE AQUEL QUE *LOS* CREÓ, DESDE EL PRINCIPIO LOS HIZO VARÓN Y HEMBRA, Y DIJO: "POR ESTA RAZÓN EL HOMBRE DEJARÁ A *SU* PADRE Y A *SU* MADRE Y SE UNIRÁ A SU MUJER, Y LOS DOS SERÁN UNA SOLA CARNE"? ASÍ QUE YA NO SON DOS, SINO UNA SOLA CARNE. POR TANTO, LO QUE DIOS HA UNIDO, NINGÚN HOMBRE LO SEPARE» (VV. 4-6).

Ahora que hemos visto que debemos ser cuidadosos y dejar que las enseñanzas explícitas o las porciones didácticas de la Escritura controlen la forma en que entendemos los pasajes en que la enseñanza es más implícita, estamos listos para aplicar este principio de un modo más amplio. Si las enseñanzas explícitas de la Escritura deben guiar nuestra interpretación de la Biblia, lo que estamos diciendo es que la guía más segura para entender la Escritura de forma correcta es la propia Escritura. Hay una célebre frase latina que encapsula esta idea: *Scriptura sacra sui ipsius interpres*; significa: «La Sagrada Escritura es su propio intérprete».

DÍAS 14 Y 15

El hecho de que la mejor guía para interpretar la Biblia sea la Biblia misma, es una consecuencia lógica de nuestra doctrina de la inspiración bíblica. El autor de una obra es el que mejor puede explicarnos qué quiso decir cuando la escribió. Si Dios inspiró la Biblia (2 Ti 3:16-17), Él es el autor de toda la Escritura. Por lo tanto, como Dios es el autor de toda la Escritura, Él es quien puede darnos el significado definitivo de Su Palabra, y como la única voz que recibimos del Señor es Su Palabra, el modo principal de determinar si nuestra interpretación de un pasaje específico es correcta consiste en compararla con el resto de la enseñanza de la Biblia.

El Dr. R.C. Sproul lo explica de esta manera en su mensaje sobre la narración histórica, de la serie de enseñanza *Knowing Scripture* [*Cómo conocer la Escritura*] de Ministerios Ligonier: «Debemos tener el cuidado de leer la Biblia de un modo holístico. No debemos sacar interpretaciones del texto que sean contrarias a las interpretaciones que la propia Biblia da en otros pasajes. La Biblia interpreta la Biblia; el Espíritu Santo es Su propio intérprete». Si nuestra interpretación de un texto contradice nuestra interpretación de otro texto, una de esas interpretaciones debe ser incorrecta, y tal vez ambas. Es imposible que las dos sean correctas porque «Dios no es *Dios* de confusión» (1 Co 14:33) y Él no enseñaría algo en un pasaje y lo opuesto en otro pasaje.

En el pasaje de hoy, vemos que Jesús usaba la Escritura para interpretar la Escritura. En el primer siglo, los rabinos judíos que seguían al célebre rabino Hilel habían tomado la concesión del divorcio en la ley mosaica (Dt 24:1-4) y la habían estirado mucho más allá de su propósito original. En vez de ver las leyes del divorcio como un arreglo clemente que solo era para circunstancias específicas, estos rabinos que seguían a Hilel aceptaban el divorcio como un bien positivo que podía utilizarse para salir de cualquier relación marital por cualquier motivo. Sin embargo, como muestra Jesús, ese no era el propósito de las leyes del divorcio. ¿Y cómo lo muestra? Apelando a la Escritura y demostrando que la forma en que Sus oponentes entendían la ley de Moisés era incompatible con Génesis 2 (Mt 19:1-9).

PARA
ESTUDIO
ADICIONAL

Daniel 9;
Lucas
24:27;
1 Corin-
tios 9:1-
12; Hebreos
10:1-18

Entender de forma correcta cualquier porción de la Escritura requiere que la leamos en el contexto de toda la Escritura. Esa es la razón por la que es tan importante que seamos cristianos de toda la Biblia. Debemos estudiar con diligencia todo lo que Dios ha revelado, y no limitarnos solo a algunos libros y pasajes selectos de la Biblia. Esforcémonos por estudiar todo el consejo de Dios, creciendo en nuestro conocimiento de la totalidad de la Escritura durante el curso de nuestras vidas.

DÍA 16

INTERPRETAR LA ESCRITURA CON LA IGLESIA

HECHOS 15:1-35 «ENTONCES LOS APÓSTOLES Y LOS ANCIANOS SE REUNIERON PARA CONSIDERAR ESTE ASUNTO» (V. 6).

Hoy volveremos a nuestro estudio de las doctrinas restauradas durante la Reforma protestante. Estamos centrándonos en la doctrina de la *sola Scriptura* y en los aspectos relacionados con esta. Como hemos visto, *sola Scriptura* nos dice que la Escritura es la única autoridad infalible para la iglesia, pero no que es la única autoridad. Hay lugar para que existan otras autoridades sobre nosotros en la iglesia bajo la autoridad de la voz de Dios en Su Palabra.

Los líderes protestantes no rechazaron por completo las autoridades como los concilios y los credos; todo lo que hicieron fue dejar a un lado las autoridades y enseñanzas conciliares que no se originaron en la Palabra escrita de Dios. Siguieron usando credos ecuménicos, como el Credo Niceno y la Definición de Fe de Calcedonia. Siguieron leyendo a los primeros padres de la iglesia e incluso a muchos pensadores cristianos medievales para aprender de sus perspectivas sobre la Escritura.

Además, celebraron concilios propios y escribieron nuevos credos y confesiones. Al hacer eso, los protestantes siguieron con la antigua tradición de la iglesia: reunirse en concilios para zanjar disputas y abordar la herejía. Esta práctica se remonta a la época apostólica, como vemos en el pasaje de hoy. En el primer siglo, cuando surgió una controversia sobre si era necesario exigir que los gentiles se circuncidaran para ser admitidos en la iglesia, los apóstoles y ancianos se reunieron en el Concilio de Jerusalén para discutir ese asunto. Luego de un período de debate, el concilio decidió que no era necesario que los gentiles fueran circuncidados para poder ser cristianos, y la decisión conciliar fue enviada a las iglesias a través de una carta (Hch 15:1-35).

La presencia de los apóstoles en el Concilio de Jerusalén lo inviste de una autoridad que no puede tener ningún concilio posterior. Sin embargo, lo notable es que esta decisión tan importante no fue zanjada por un solo apóstol, aunque pudo haber sido tomada por revelación divina. En cambio, la iglesia como un todo, consideró el asunto. Esto es instructivo. Si incluso los apóstoles creían necesario leer e interpretar la Escritura en armonía con toda la iglesia, ¿cómo es posible que nosotros hagamos algo distinto? Los cristianos no debemos ser llaneros solitarios que vamos solos con nuestras Biblias para determinar lo que Dios ha dicho, aunque, desde luego, el estudio personal de la Biblia es algo bueno. No, debemos leer la Palabra de Dios con la iglesia, observándonos los unos a los otros y acudiendo a los maestros y ministros ordenados para que nos ayuden a interpretar la Escritura de forma correcta. Necesitamos que el pueblo de Dios nos ayude a conocer la Palabra de Dios.

PARA
ESTUDIO
ADICIONAL

Deuterono-
mio 16:18;
Mateo
18:15-20;
Gálatas
2:1-10;
1 Timoteo
4:14

APLICACIÓN

Muchos de los grandes errores de la historia de la iglesia surgieron cuando un individuo no estuvo dispuesto a leer la Escritura con el resto de la iglesia. No podemos ser cristianos sin iglesia ni cristianos que no estén dispuestos a someterse a los demás en el cuerpo local de Cristo. Si no intentamos leer la Escritura con la iglesia y aprender de otras personas del pasado y del presente, seguramente cometeremos muchos errores a la hora de entender la Palabra de Dios.

LA ILUMINACIÓN DE LA ESCRITURA

1 CORINTIOS 2:10B-16 «EL HOMBRE NATURAL NO ACEPTA LAS COSAS DEL ESPÍRITU DE DIOS, PORQUE PARA ÉL SON NECEDAD; Y NO LAS PUEDE ENTENDER, PORQUE *SON COSAS QUE* SE DISCIERNEN ESPIRITUALMENTE» (V. 14).

L os estudiosos de la Reforma suelen señalar que cuando los reformadores afirmaron la autoridad final de la Escritura, no creían que la razón humana por sí sola bastara para que la Biblia funcionara como la corte suprema a la que debe apelar la iglesia. Desde luego, los reformadores creían que había lugar para la razón, pero incluso las reglas de interpretación más sanas resultarán insuficientes para que nos apropiemos de la enseñanza de la Escritura sin la obra del autor divino de la Biblia. Dicho de otro modo, el concepto de *sola Scriptura* que tenían los reformadores aceptaba la obra en que el Espíritu Santo ilumina Su Palabra en el corazón y la mente de Su pueblo. La Palabra y el Espíritu deben ir de la mano para que la gente conozca, crea y sea transformada por la revelación divina.

Al decir que la obra iluminadora del Espíritu Santo es necesaria cuando leemos la Escritura, no estamos afirmando que los incrédulos son totalmente incapaces de tener un concepto del significado del texto bíblico. Los no cristianos suelen ser capaces de comprender al menos una parte del significado de los pasajes específicos de la Escritura. Sin embargo, sin la obra del Espíritu Santo, los no cristianos no pueden entender genuinamente el significado de un texto de forma salvífica ni llegar a tener fe salvadora. Los incrédulos pueden tener una especie de entendimiento de la Escritura, pero es limitado en su alcance y su único efecto será endurecer el corazón del lector, a menos que el Espíritu haga la obra de cambiarle el corazón y la mente. Juan Calvino comenta sobre el pasaje de hoy: «No es solo por la obstinación de la voluntad humana, sino también por la impotencia de su entendimiento, que el hombre no alcanza las cosas del Espíritu. Si hubiera dicho que los hombres no están dispuestos a ser sabios, eso habría sido cierto, pero también afirma que no son capaces de serlo. Por eso, inferimos que la fe no está en nuestro propio poder, sino que es otorgada por Dios».

Necesitamos la asistencia de Dios para entender el significado pleno de la Escritura y aplicarlo de forma correcta a nuestra vida. El Espíritu Santo debe hacer Su obra de iluminación, pues, como dice Pablo en 1 Corintios 2:10b-16, solo los hombres y las mujeres espirituales pueden discernir las cosas de Dios. Además, aunque es indudable que el Espíritu hace esto a nivel individual, debemos recordar que el Espíritu le ha sido dado a todo el pueblo de Dios (12:13). Nos necesitamos los unos a los otros para gozar de todo el beneficio de la obra de iluminación del Espíritu, pues, por así decirlo, el Espíritu suele complacerse en hablar mediante otros, dándoles perspectivas que nos ayudan a todos a entender Su Palabra.

PARA
ESTUDIO
ADICIONAL

Salmo
119:18, 73;
Isaías
58:11; Juan
16:12-15;
Efesios
1:15-23

APLICACIÓN

En todo nuestro estudio de la Escritura, nunca debemos olvidar que necesitamos la asistencia del Espíritu Santo. Cuando leamos la Palabra de Dios, debemos orar para que el Espíritu la ilumine y podamos entenderla y aplicarla correctamente. Además, debemos pedir esta iluminación cuando leamos la Escritura juntos, a fin de que seamos guiados por senderos de justicia mediante las Escrituras.

DÍA 18

LA PREDICACIÓN DE LA ESCRITURA

1 TIMOTEO 4:13 «ENTRETANTO QUE LLEGO, OCÚPATE EN […] LA EXHORTACIÓN Y LA ENSEÑANZA».

C on frecuencia, los estudiosos de las religiones señalan que las palabras son muy importantes para la religión cristiana. Definimos la teología ortodoxa con palabras, y las palabras de nuestras oraciones y nuestros cánticos expresan nuestra piedad. Sin embargo, la importancia de las palabras para la religión bíblica se evidencia de mejor forma en nuestra dependencia de la Palabra escrita de Dios. Desde los días de Moisés, la lectura de las Escrituras ha sido uno de los distintivos de la religión del pueblo de Dios y, como dice 1 Timoteo 4:13, la lectura pública de la Escritura debe formar parte de nuestros cultos de adoración.

Sin embargo, 1 Timoteo 4:13 no solo dice que debemos leer las Escrituras en voz alta durante el culto. Pablo también le dice a Timoteo y, por extensión a todos los pastores cristianos, que se ocupen en la exhortación y la enseñanza. De hecho, en el pasaje de hoy hay una secuencia bien pensada. Primero, la Palabra de Dios debe leerse y luego debe explicarse. Juan Calvino comenta: «[Pablo] pone la lectura antes de la doctrina y la exhortación, pues, indudablemente, la Escritura es la fuente de toda sabiduría y los pastores deben sacar de esta todo lo que presentan ante su rebaño».

Los pastores y maestros no tienen nada que darle al pueblo de Dios fuera de lo que el Señor le ha dado, es decir, Su Palabra inspirada. Por eso la exhortación y la enseñanza basada en esa Palabra es esencial para la adoración. La palabra «enseñanza», que figura como «doctrina» en algunas traducciones, tiene en vista la exposición y explicación sistemática de la Escritura con el fin de establecer lo que debemos creer. La «exhortación» se refiere más a la aplicación práctica del texto para el pueblo de Dios. Quienes enseñan la Palabra de Dios durante el culto deben explicarla y aplicarla para ayudarnos a aprender a amar a nuestro Creador de un modo más genuino y a seguirlo de una forma más correcta.

La Escritura deja muy claro que cualquier persona puede leer la Biblia y discernir el mensaje básico de la salvación. Sin embargo, algunas porciones de las Escrituras son más difíciles de entender que otras, por lo que Dios le dio a la iglesia maestros que nos ayudan a aprender Su Palabra y crecer en la gracia y la verdad (Ef 4:11-14). Como la Palabra es esencial para nuestra vida cristiana y como Dios nos ha dado pastores, ancianos y maestros para que nos ayuden a implementar esa Palabra en nuestras vidas, la adoración cristiana celebrada de acuerdo con la Biblia siempre incluye la enseñanza de las Escrituras.

Los pastores, ancianos y maestros deben priorizar en gran manera el estudio de la Biblia para que puedan proclamarla correctamente ante sus congregaciones. Sin embargo, los laicos también tienen la responsabilidad de pedirles a sus líderes que les enseñen la Palabra de Dios. Animemos a nuestros pastores, ancianos y maestros a que nos expongan la Palabra de Dios en nuestros cultos.

APLICACIÓN

Si el pueblo de Dios no les pide a sus pastores, ancianos y maestros que les entreguen la Palabra, sus líderes pueden verse tentados a darles algo distinto. Todos tenemos la responsabilidad de asegurarnos de que la Palabra de Dios sea proclamada con fidelidad. Si somos maestros, debemos tener cuidado y exponer la Palabra con cautela. Si somos laicos, debemos pedir que la Palabra sea predicada en nuestras congregaciones y también oírla cuando eso ocurra.

SOLUS
CHRISTUS

II

CRISTO SOLO

Dios nos ha dicho en Su Palabra que Él es el único Salvador, y nos salva mediante la persona y la obra de Cristo, quien es el único camino a Dios. Debido a quien Cristo es como verdadero hombre y verdadero Dios, solo Él puede salvar la brecha que nos impide tener una relación bendita con nuestro Creador. Él es el único mediador entre Dios y la humanidad, y fuera de Él estamos sin esperanza en este mundo.

Jesús es el Hijo de Dios, la segunda persona de la Trinidad, quien asumió una naturaleza humana en la encarnación y vivió una vida perfecta, obedeciendo impecablemente a Dios en todo. Este Salvador perfectamente justo murió en lugar de Su pueblo, cargando el castigo que ellos merecen por su pecado y garantizándoles la justicia que ellos necesitan para ser declarados justos por Dios y ser adoptados como Sus hijos. *Solus Christus* —Cristo solo— significa que solo la persona y la obra de Cristo puede salvarnos. Añadir cualquier cosa como requisito para la salvación significaría que el Señor nuestro Dios no es nuestro único Salvador.

LA NATURALEZA DIVINA DE CRISTO

MARCOS 5:21-43 «TOMANDO A LA NIÑA POR LA MANO, [JESÚS] LE DIJO: "TALITA CUM", QUE TRADUCIDO SIGNIFICA: "NIÑA, A TI TE DIGO, ¡LEVÁNTATE!"». AL INSTANTE LA NIÑA SE LEVANTÓ Y *COMENZÓ A* CAMINAR» (VV. 41-42A).

S i has sido cristiano durante algunos años, es probable que hayas escuchado un sermón sobre la ocasión en que Pedro caminó sobre el agua (Mt 14:22-33), y que ese sermón haya incluido este punto: mientras Pedro mantuvo los ojos en Jesús, todo estuvo bien. Solo cuando apartó la mirada del Señor, comenzó a hundirse.

Esa lección no solo es aplicable para los individuos, sino también para la iglesia. Cuando la iglesia pierde el enfoque en la persona y la obra de Cristo, muy pronto cae en las tinieblas. El cristianismo se trata de Cristo: de lo que Él es y de lo que Él ha hecho. Por lo tanto, si el enfoque de la iglesia se convierte en un programa político específico, en una ideología sociocultural o incluso en la iglesia misma, terminaremos sin nada de cristianismo.

Uno de los grandes logros de la Reforma fue que hizo que la iglesia volviera a enfocarse en Cristo. De hecho, podríamos decir que la fuerza motora de la Reforma fue llevar a la iglesia de regreso a su confesión histórica de Cristo solo (*solus Christus*): solo Cristo es la cabeza de la iglesia; solo Cristo es digno de adoración; solo Cristo salva.

Cuando buscaron recobrar la persona y la obra de Cristo, los protestantes, en especial los reformados, no estaban tratando de innovar en cuanto a la persona de nuestro Señor. Solo querían ver que la ortodoxia cristiana histórica, que estaba representada en afirmaciones como las de la Definición de Fe de Calcedonia, fuera enseñada de forma clara y sin reservas. Al igual que Calcedonia, los protestantes afirmaban que Jesús es una persona que posee dos naturalezas: una divina y una humana.

Una naturaleza es lo que hace que las cosas sean lo que son; es los atributos que las definen. Por ejemplo, la naturaleza divina se caracteriza por atributos divinos como la omnisciencia, omnipotencia, omnipresencia, autoexistencia, eternidad, etc. Tener una naturaleza divina es contar con todos los atributos que hacen que Dios sea quien es. Por lo tanto, cuando decimos que Jesús tiene una naturaleza divina, estamos afirmando que posee todos los atributos que Dios tiene en Su naturaleza divina. Él es verdadero Dios.

El hecho de que Cristo posee la naturaleza divina se enseña de forma directa en pasajes como Juan 1:1-18. También podemos ver episodios de la vida de nuestro Señor que nos revelan Su naturaleza divina. Por ejemplo, en el pasaje de hoy, Jesús crea vida cuando resucita a una niña con solo ordenarle que viva (Mr 5:21-43). Eso es algo que solo Dios puede hacer, ya que Él creó la vida hablando para darle existencia (Gn 1). Otro pasaje que revela que Jesús posee la naturaleza divina es Juan 1:43-51. Allí vemos una evidencia de Su omnisciencia, pues Jesús le dice a Natanael que estaba debajo de la higuera antes de que nuestro Señor lo encontrara.

PARA ESTUDIO ADICIONAL

Miqueas 5:2; Marcos 2:1-12; Juan 20:24-29; Judas 5

APLICACIÓN

Puede que las otras religiones digan respetar a Cristo como un buen profeta o un maestro moral, pero la Escritura no nos deja detenernos allí. Jesús también es verdadero Dios y merece nuestra adoración. Ser siervo de Cristo es adorar a Cristo como el Creador encarnado. Debemos compartir la verdad de Su deidad con los que dicen respetar a nuestro Salvador.

DÍA 20

LA NATURALEZA HUMANA DE CRISTO

MATEO 21:18 «POR LA MAÑANA, CUANDO REGRESABA A LA CIUDAD, JESÚS TUVO HAMBRE».

II

Durante los primeros siglos de la historia de la iglesia, gran parte del debate teológico se centró en la identidad de Jesús. ¿Era un mero ser humano? ¿Era Dios? ¿Era ambas cosas? ¿No era ninguna de ellas? Con el paso del tiempo, la reflexión prolongada en el testimonio apostólico del Nuevo

DÍAS 19 Y 20

Testamento hizo que la iglesia afirmara la deidad verdadera de Cristo. Sin embargo, los padres de la iglesia también confesaron la humanidad verdadera de Cristo. Los puntos esenciales de esta enseñanza sobre la persona de Cristo fueron recopilados en el Concilio de Calcedonia, en el año 451 d. C., y la confesión que produjo ese concilio fue adoptada por los reformadores protestantes.

La Definición de Fe de Calcedonia dice que en la única persona de Cristo están unidas una naturaleza humana verdadera y una naturaleza divina verdadera sin confusión, mezcla, división ni separación. En otras palabras, cuando el Hijo de Dios, que poseía la naturaleza divina desde toda la eternidad, asumió una naturaleza humana, cada naturaleza mantuvo sus atributos propios. La naturaleza divina no se volvió humana ni la naturaleza humana se volvió divina. Tampoco podemos decir que las naturalezas se mezclaron y que Cristo era una mixtura extraña entre lo humano y lo divino, que no era un verdadero ser humano ni tampoco el verdadero Dios. No, Cristo era y sigue siendo el Dios Hombre. Este es un misterio que no podemos comprender a plenitud, pero debemos afirmarlo. Si Cristo no es verdaderamente humano, no puede expiar nuestros pecados, ya que solo un ser humano puede expiar el pecado de otros seres humanos. Si Cristo no es verdadero Dios, la expiación que ofrece no tiene el valor suficiente para que sea aplicada a todos los elegidos. Si Cristo no es el Dios Hombre, no hay salvación.

Muchos pasajes de la Escritura enseñan la humanidad genuina de Jesús. Por ejemplo, el pasaje de hoy describe Su hambre (Mt 21:18). La capacidad de sentir hambre es un atributo de la naturaleza humana de Cristo, pues Dios no necesita nada, ni siquiera comida. De forma similar, el hecho de que Cristo se cansara y durmiera también revela Su naturaleza humana, pues Dios no se adormece ni se duerme (Mr 4:38; ver Sal 121:4). Además, en algunos puntos de Su ministerio, Cristo expresó que ignoraba algunas cosas (Mt 24:36). Eso también revela la humanidad de Cristo, pues Dios es omnisciente y, en Su naturaleza divina, Cristo también es omnisciente.

Es importante señalar que la humanidad de Cristo le permitió ser tentado. Como nuestro Señor fue hecho semejante a nosotros en todo menos en el pecado, pudo ser tentado como un hombre, así que puede ayudarnos cuando estamos siendo tentados (He 2:17-18). Él no está alejado de lo que enfrentamos, sino que, como Él mismo pasó por eso, puede darnos lo que necesitamos para luchar contra el pecado.

PARA ESTUDIO ADICIONAL

Lucas 24:36-43; Juan 11:35; Filipenses 2:5-11; 2 Juan 7

APLICACIÓN

Cristo es nuestro Señor, pero no es un amo inaccesible o que no nos entiende. Él asumió nuestra carne, así que puede simpatizar con nosotros y sabe qué necesitamos para tener fuerza en nuestra debilidad. No debe darnos miedo correr a Él cuando estamos siendo tentados o queremos descansar en Su poder. Él puede sostenernos en todas las cosas, sin importar cuán difíciles se vuelvan.

DÍA 21

JESÚS, EL ÚLTIMO ADÁN

1 CORINTIOS 15:45 «ASÍ TAMBIÉN ESTÁ ESCRITO: "EL PRIMER HOMBRE, ADÁN, FUE HECHO ALMA VIVIENTE". EL ÚLTIMO ADÁN, ESPÍRITU QUE DA VIDA».

Cuando describimos seres humanos, podemos separar a las personas en diferentes categorías. Podemos categorizarlas según su sexo: masculino o femenino. Podemos separarlas por su país de origen: rusos, chinos, indios, kenianos, británicos, estadounidenses, colombianos y así sucesivamente. Podemos dividirlas por edad: niños, adolescentes, adultos. Al parecer, hemos creado formas infinitas de agrupar a las personas.

Sin embargo, respecto a nuestra condición ante Dios, el apóstol Pablo solo conoce dos grupos: los que están en Adán y los que están en Cristo. Estos grupos están representados por distintas cabezas federales: Adán y Cristo, respectivamente. Dicho de forma simple, esto significa que todo lo que haga la cabeza federal tendrá consecuencias para las personas que están en ella.

Los que están en Adán son considerados culpables de su pecado. Además, reciben una naturaleza moral y espiritual corrupta que

II

—

DÍAS 20 Y 21

39

los inclina a esconderse de Dios y Sus caminos, tal como lo hizo Adán después de la caída (Ro 5:12-21; ver Gn 3). Del mismo modo, los que están en Adán reciben una naturaleza física corrupta; sus cuerpos se deterioran y a la larga mueren. «En Adán todos mueren», explica Pablo (1 Co 15:22).

Todos los descendientes de Adán por generación ordinaria están en él hasta que, por medio de la regeneración, la fe y el arrepentimiento, pasan de estar en Adán a estar en Cristo (Ro 5:12-21; 1 Co 1:28-30). Si estamos en Cristo por la fe sola, recibimos el perdón de los pecados y la justicia perfecta de nuestro Señor, gracias a la cual somos aceptados por Dios (Ro 3:21-26). También recibimos un corazón nuevo: nuestra naturaleza moral está siendo renovada, de modo que vamos muriendo cada vez más al pecado y viviendo cada vez más para la justicia (Ro 6:11). Sin embargo, en Cristo incluso recibiremos una naturaleza física renovada. En la resurrección, nuestros cuerpos «resucitarán incorruptibles» (1 Co 15:52).

En resumen, los que están en Cristo recuperarán lo que perdieron en Adán, pero para ser más precisos, lo que recuperaremos será mejor que lo que perdimos. Como comenta Juan Calvino: «[Adán] por su caída se arruinó a sí mismo y a todos los que eran suyos, ya que arrastró a la misma ruina a todos junto con él: Cristo vino a restaurar nuestra naturaleza de la ruina y a elevarla a una mejor condición que nunca». Cristo puede hacer esto porque es el último Adán, la cabeza federal que Dios ordenó en Su misericordia para que obedeciera por nosotros a fin de que lleguemos a ser los santos glorificados que Dios quiere que seamos (1 Co 15:45).

PARA ESTUDIO ADICIONAL

Génesis 3:15; Mateo 4:1-11; Lucas 3:23-38; Romanos 8:31-39

APLICACIÓN

Cristo no solo vino a restaurarnos a lo que éramos antes de la caída de Adán, sino a darnos algo mejor. Como el último Adán, Cristo restaura lo que estaba perdido y garantiza que nunca volvamos a perderlo. Nos da Su justicia perfecta y ahora nos está conformando a Su imagen. Si estamos en Cristo, todos los días debemos sentir gratitud por todo lo que Cristo nos ha devuelto como el último Adán.

JESÚS, EL VERDADERO ISRAEL

OSEAS 11:1 «CUANDO ISRAEL ERA NIÑO, YO LO AMÉ, Y DE EGIPTO LLAMÉ A MI HIJO».

E l profeta Oseas ministró durante el siglo VIII a. C. y se enfocó principalmente en Israel, el reino del norte. Durante los primeros años del ministerio de Oseas, Jeroboam II estaba rigiendo a Israel y el reino del norte gozaba de un buen grado de prosperidad. Sin embargo, en términos espirituales y morales, los israelitas estaban en bancarrota, pues habían caído en la idolatría, lo que terminaría haciendo que Dios los expulsara de su tierra en el año 722 a. C.

El pueblo estaba verdaderamente en una condición muy lamentable y, en parte, lo que la hacía tan trágica era que Israel no había sido lo que Dios lo había llamado a ser: un reino de sacerdotes y una luz para las naciones (Éx 19:5-6; Is 42:6). Se produjo el fracaso a pesar de que Dios en Su gracia había adoptado a Israel, como indica Oseas 11:1. Israel no fue leal a su identidad filial y terminó siendo expulsado de la tierra. Sin embargo, Oseas también vio que la ira de Dios contra Su pueblo no duraría para siempre; Él iba a proveer un Israel renovado que serviría al Señor fielmente (vv. 2-12; ver 2:14-23).

Esa esperanza de un nuevo Israel, de un Israel verdadero que iba a encarnar todo lo que Dios había llamado a ser a Israel, persistió a lo largo de los siglos hasta la era del Nuevo Testamento. La esperanza se cumplió al fin en la encarnación del Hijo verdadero de Dios por naturaleza: Jesucristo. Mateo nos dice que Jesús cumple Oseas 11 (Mt 2:13-15). Él es el Israel genuino, el Israel fiel que triunfa donde el Israel del antiguo pacto falló. Al igual que el antiguo Israel, salió de Egipto, pasó por las aguas y fue probado en el desierto (2:13-15; 3:13-4:11; ver Éx 12:40-42; 14:1-31; 16:4). Sin embargo, a diferencia del Israel del antiguo pacto, Jesús pasó la prueba. Por lo tanto, merece ser llamado Hijo de Dios, por lo que Él es en Su deidad y por lo que logró en Su humanidad.

II

DÍAS 21 Y 22

Las buenas nuevas del evangelio nos dicen que nosotros también podemos ser el verdadero Israel de Dios. Si estamos en Cristo, compartimos los privilegios y la relación que Él goza como el verdadero Hijo de Dios. No somos hijos de Dios por naturaleza, sino que somos hijos de Dios por adopción, Sus hijos amados en Cristo. Como tales, heredamos todas las promesas que le fueron dadas al Israel del antiguo pacto. Las promesas divinas de que Israel dominaría sobre sus enemigos y gozaría de bendiciones pactuales abundantes (p. ej., Is 14:1-2) son para todo el pueblo de Dios, el verdadero Israel de Dios, que consiste en los judíos y los gentiles que están unidos a Cristo por medio de la fe sola. En Él, somos el verdadero Israel de Dios, herederos del destino glorioso prometido al pueblo de Dios en el antiguo pacto (Sof 3:14-20).

PARA ESTUDIO ADICIONAL

Isaías 44:21-23; Jeremías 30; Nahúm 2:2; Romanos 11

APLICACIÓN

En última instancia, el Israel de Dios no es un título étnico, sino espiritual. El pueblo pactual de Dios incluye a todas las personas que ponen su fe en el verdadero cumplimiento de Israel: Jesús, nuestro Señor. En conjunto, los judíos y los gentiles que están unidos a Cristo tienen un fin común y exaltado. Debemos regocijarnos en nuestro estatus como el Israel de Dios y trabajar para acabar con las divisiones innecesarias en el cuerpo de Cristo. El pueblo de Dios es un solo Israel en el Salvador.

DÍA 23

JESÚS, EL MESÍAS

ISAÍAS 45:1-13 «ASÍ DICE EL SEÑOR A CIRO, SU UNGIDO, A QUIEN HE TOMADO POR LA DIESTRA, PARA SOMETER ANTE ÉL NACIONES, Y PARA DESATAR LOMOS DE REYES, PARA ABRIR ANTE ÉL LAS PUERTAS, PARA QUE NO QUEDEN CERRADAS LAS ENTRADAS» (V. 1).

 l cristianismo bíblico enfatiza el principio de *solus Christus*, es decir, que solo Cristo salva a Su pueblo por causa de Su gloria, que es la gloria del Dios triuno. Por eso los cristianos verdaderos nunca se cansan de oír sobre quién es Cristo y lo que Él ha hecho en la salvación. Una de las mejores maneras de entender la persona y la obra de Cristo es considerar uno de Sus títulos principales: Mesías.

«Mesías» es la traducción castellana del vocablo hebreo *mashiach*, que significa «ungido». La palabra hebrea que significa Mesías fue traducida al griego como *christos*, de donde viene la palabra española Cristo. Por lo tanto, cuando hablamos de Jesucristo, en realidad estamos hablando de Jesús el Ungido o Jesús el Mesías.

En los próximos días, veremos que el título Mesías apunta al oficio triple de Jesús como nuestro Profeta, Sacerdote y Rey. Hoy consideraremos una de las apariciones más importantes del título en la Escritura. Curiosamente, la Escritura le aplica el término «mesías» al rey persa Ciro, pues Isaías 45:1 alude a Ciro como el «ungido» de Dios, el mesías de Dios.

Ciro es celebrado en la Escritura porque conquistó al Imperio babilónico y promulgó el decreto que permitió que los judíos dejaran el exilio y volvieran a la tierra prometida en el año 538 a. C. (2 Cr 36:22-23). Por ese motivo, uno de los focos principales del concepto del oficio mesiánico es el de la obra de liberación. Usando a Ciro, Dios libertó a Su pueblo de la cautividad babilónica y mediante esa liberación le anunció al mundo que Él, Yahvé, el Señor de Israel, es el único Dios y la única fuente de salvación (Is 45:22-23). Aunque Ciro no conocía al Señor, fue el instrumento que Dios usó para rescatar a Su pueblo y revelarle al mundo que solo Él es Dios, el Soberano sobre toda la creación (vv. 5-7).

Si eso fue cierto en el caso de Ciro, ¿cuánto más cierto es en el caso de Jesús? Jesús es el Cristo, el Mesías, el Ungido y, al igual que Ciro, recibió la comisión de liberar al pueblo de Dios. Sin embargo, a diferencia de Ciro, Jesús sí conocía al único Dios verdadero; de hecho, Jesús es la encarnación del único Dios verdadero. Por lo tanto, la liberación que Jesús trae es mucho mayor. Es una liberación que nos rescata del alejamiento de Dios. Es una liberación que nos salva de la raíz que produce todas las discordias, es decir, del pecado. Jesús es el Cristo, Aquel en quien Dios obra de forma directa para salvarnos de nuestra impiedad (Mt 1:21; Lc 2:11).

PARA ESTUDIO ADICIONAL

Éxodo 3:7-8; Salmo 2; Mateo 26:6-13; Hechos 18:24-28

II

DÍAS 22 Y 23

En su lección sobre Isaías 45, Martín Lutero hace otra comparación entre Jesús y Ciro: «Así como Ciro iba a librarlos por su poder y a sus expensas, Cristo iba a redimirnos por Su palabra y gracia, sin ningún costo». Lutero afirma que no hay ningún precio que tengamos que pagar por nuestra salvación, ya que Jesús pagó todo. Como la liberación que Dios nos da a través de Cristo es perfecta, no hay ningún precio que tengamos que pagar para tener vida eterna. Lo único que debemos hacer es creer en Jesús y seremos salvos.

DÍA 24

JESÚS, EL ÚNICO SALVADOR

JUAN 1:43-51 «JESÚS VIO VENIR A NATANAEL Y DIJO DE ÉL: "AHÍ TIENEN A UN VERDADERO ISRAELITA EN QUIEN NO HAY ENGAÑO". NATANAEL LE PREGUNTÓ: "¿CÓMO ES QUE ME CONOCES?". JESÚS LE RESPONDIÓ: "ANTES DE QUE FELIPE TE LLAMARA, CUANDO ESTABAS DEBAJO DE LA HIGUERA, TE VI". "RABÍ, TÚ ERES EL HIJO DE DIOS, TÚ ERES EL REY DE ISRAEL", RESPONDIÓ NATANAEL» (VV. 47-49).

Hemos estado analizando la persona y obra de Cristo enfocándonos en el principio bíblico y reformado de *solus Christus*, es decir, Cristo solo. Estudiar los encuentros que Jesús tuvo con la gente también nos ayuda a entender quién es nuestro Señor y qué fue lo que hizo.

Una de las realidades más impactantes del mundo occidental moderno es el profundo sentido de alienación que la gente experimenta. Gracias a la tecnología, estamos más interconectados que nunca. Sin embargo, al mismo tiempo, pareciera que estamos más desconectados que nunca de los demás. Muchos de nosotros no conocemos a nuestros vecinos. Experimentamos una separación emocional entre nosotros como individuos, pero también entre nosotros y la sociedad, nuestras ocupaciones y nuestro propósito.

La Escritura explica por qué existe este sentido de alienación y nos dice que se debe a que estamos separados y alejados de nuestro Creador. Luego de violar la ley de Dios en Adán, los pecadores se esconden de Dios y se culpan mutuamente por sus dificultades (Gn 3:1-13). Nuestra alienación en el plano humano solo puede ser remediada cuando somos reconciliados con Dios, por lo que es comprensible que el Antiguo Testamento contenga muchos relatos de gozo y celebración cuando el pueblo tenía acceso a la presencia de Dios. Por ejemplo, hay varios salmos que ensalzan la hermosura y el gozo que el pueblo hallaba cuando subían a adorar a Dios al templo de Jerusalén (Sal 26:8; 27:4). Piensa también en el gozo que expresó Jacob cuando se encontró con el Señor en el desierto y recibió la visión de la escalera (Gn 28:10-22). Esa escalera por la que subían y bajaban los ángeles conectaba la tierra y el cielo, por lo que era un medio de acceso a la presencia de Dios.

Jesús hace referencia a esa historia en Su encuentro con Natanael, como está registrado en Juan 1:43-51. Desde luego, Natanael tenía razón al pensar que era asombroso que Jesús supiera dónde estaba antes de conocerlo, pero Jesús dice que la señal más grande será cuando Natanael vea ángeles subiendo y bajando sobre el Hijo del Hombre (vv. 48-51). El mensaje de nuestro Señor es claro: solo Él es el medio de acceso a la presencia de Dios. Él es la escalera de Jacob.

Que Jesús sea el único camino al cielo no es popular en nuestra sociedad pluralista y relativista, pero al profesar que Él es el único que puede reconciliarnos con nuestro Creador, no lo hacemos por nuestra autoridad, sino por la autoridad de Cristo. Nunca debemos negociar el hecho de que solo Jesús es el camino, la verdad y la vida (14:6).

PARA ESTUDIO ADICIONAL

Levítico 16; Ezequiel 43:1-9; Marcos 15:33-39; Hebreos 10:19-22

APLICACIÓN

Los seres humanos tratan de subir al cielo de varias formas, siempre confiando en sus propios méritos para entrar a la vida eterna. Sin embargo, no hay ningún otro camino a Dios fuera de Jesús. No podemos entrar al cielo por nuestro propio mérito, y ni Mahoma ni Buda ni Krishna ni ninguna otra figura puede llevarnos allí. Si no les decimos a los demás que Jesús es el único camino a Dios, no estamos amándolos de verdad.

II

DÍAS 23 Y 24

OBEDIENCIA EN LA NIÑEZ

LUCAS 2:52 «Y JESÚS CRECÍA EN SABIDURÍA, EN ESTATURA
Y EN GRACIA PARA CON DIOS Y LOS HOMBRES».

S iguiendo con nuestro enfoque en la persona y la obra
de Cristo, hemos llegado al momento de considerar Su
obediencia y el papel de esta en nuestra salvación. Como
los reformadores protestantes señalaron una y otra vez, sin la
obediencia de Cristo durante Su ministerio terrenal no hay salvación para el pueblo de Dios. De hecho, como veremos cuando
tratemos la doctrina de la justificación, la obediencia de Cristo
es la única base por la que somos declarados justos ante los ojos
de Dios. Solo Su obediencia perfecta nos otorga la ciudadanía en
el reino de Dios.

La Confesión de Fe de Westminster, un resumen útil de la doctrina bíblica y reformada, enfatiza en varias partes el papel de
la obediencia de Cristo en la salvación. Por ejemplo, afirma: «El
Señor Jesús, por Su perfecta obediencia y sacrificio de Sí mismo,
el cual ofreció a Dios una sola vez por el eterno Espíritu, ha satis-
fecho completamente la justicia de Su Padre; y ha comprado para
todos aquellos que el Padre le había dado, no solo la reconciliación,
sino también una herencia eterna en el reino de los cielos» (8.5).
Esta declaración alude a lo que los teólogos han identificado tradicionalmente como la obediencia activa y pasiva de Cristo. La
obediencia activa de Cristo apunta a que Él guardó la ley de Dios
en nuestro lugar, obedeciendo todos los estatutos que el Señor le
dio a la humanidad. Por el otro lado, la obediencia pasiva de Cristo
se refiere al sufrimiento y la muerte con los que pagó la pena por
los pecados de Su pueblo. Su obediencia activa y Su obediencia
pasiva son igualmente necesarias: la obediencia pasiva de Cristo
salda la deuda en que hemos incurrido por nuestras transgresiones, y Su obediencia activa nos da el estatus positivo de haber
guardado el pacto, de modo que podemos heredar la vida eterna.

La obediencia activa de nuestro Salvador puede darnos este
estatus positivo ante Dios porque es perfecta. Jesús nunca dejó

de hacer lo que Su Padre le ordenó que hiciera, y nunca hizo nada que fuera contrario a la voluntad de Su Padre. Nadie pudo probar que tuviera pecado (Jn 8:46). Por ende, la obediencia de Cristo abarca toda Su vida. Desde Su nacimiento hasta Su muerte, Jesús siguió siempre la voluntad del Señor.

El pasaje de hoy nos muestra la obediencia que Cristo rindió como niño y adolescente, mientras crecía para alcanzar la madurez. Aunque siempre fue agradable para Su Padre como el Hijo de Dios, creció en gracia para con Dios y los hombres como el Señor encarnado. La gracia del Padre hacia Su Hijo como el Mesías que hace lo que nosotros deberíamos haber hecho guardando la ley, nunca decayó ni se estancó (Lc 2:52). Incluso de joven, Jesús estaba haciendo lo necesario para nuestra salvación.

PARA ESTUDIO ADICIONAL

Éxodo 20:12; Deuteronomio 5:16; Proverbios 13:1; Juan 4:34

APLICACIÓN

Desde Su primer aliento hasta Su último aliento, nuestro Salvador siguió el compromiso de hacer lo necesario para nuestra salvación. Determinó obedecer a Su Padre siempre y nunca falló. Ese compromiso nos anima a confiar en Él con todo lo que somos y tenemos. Si Él está tan comprometido con nuestra salvación, sabemos que estamos seguros en Sus manos sin importar qué ocurra en el futuro.

DÍA 26

OBEDIENCIA EN EL BAUTISMO

MATEO 3:13-15 «ENTONCES JESÚS LLEGÓ DE GALILEA AL JORDÁN, *A DONDE ESTABA* JUAN, PARA SER BAUTIZADO POR ÉL. PERO JUAN TRATÓ DE IMPEDIRLO, DICIENDO: "YO NECESITO SER BAUTIZADO POR TI, ¿Y TÚ VIENES A MÍ?". JESÚS LE RESPONDIÓ: "PERMÍTE*LO* AHORA; PORQUE ES CONVENIENTE QUE ASÍ CUMPLAMOS TODA JUSTICIA"».

II
___

DÍAS 25 Y 26

S i Jesús iba a salvar a Su pueblo de sus pecados, era necesario que obedeciera de forma perfecta a Dios. Encontramos esta verdad en pasajes como Hebreos 5:8-9, donde el autor dice que Cristo fue hecho perfecto y vino a ser fuente de eterna salvación porque aprendió la obediencia. Dicho de otro modo, Jesús cumplió los requisitos para ser el Salvador al obedecer a la perfección todos los mandamientos de Dios. Tenía que obedecer de forma perfecta como hombre para que los hombres y las mujeres pudieran ser justos en Él ante el Padre.

Cristo obedeció a Su Padre guardando todos los estatutos dados a Israel. Eso no solo incluía la ley de Moisés, ya que en otro punto de la historia de los judíos, Dios envió a Juan el Bautista para ordenar que Su pueblo se arrepintiera y fuera bautizado (Lc 1:5-17; 3:1-6). Ese es el contexto en que debemos entender lo que Jesús dijo en Mateo 3:15: que tenía que ser bautizado por Juan para «que así cumplamos toda justicia». Como solía decir el Dr. R.C. Sproul, cuando Jesús se sometió al bautismo de Juan, guardó ese mandamiento adicional dado a los judíos y, por tanto, pudo presentarse ante Dios habiendo hecho todo lo que el Señor había ordenado que hiciera Su pueblo. Desde luego, aunque el bautismo de Jesús fue un cumplimiento del mandato de Dios, no fue exactamente igual al bautismo que recibieron los otros judíos. Juan recalcó que Jesús no tenía la necesidad inherente de ser bautizado, y Jesús no lo corrigió (vv. 13-14). En otras palabras, Juan sabía que Jesús no necesitaba arrepentirse porque no tenía pecado. De todos modos, era necesario que Jesús fuera bautizado, así que Él participó en el rito en preparación para Su ministerio, pero no como un aspecto del arrepentimiento pues Él no tenía transgresiones de las que arrepentirse.

Además, la obediencia que Cristo le rindió a Dios al bautizarse es uno de los primeros ejemplos en que vemos a Jesús identificándose con Su pueblo. A lo largo de los años, muchos comentaristas han señalado que cuando Jesús fue bautizado con Su pueblo, mostró solidaridad con ellos. En Su bautismo, Jesús se volvió como las personas a las que vino a salvar, asumiendo sus deberes. Aquí hay reflejos de la sustitución, del hecho de que Cristo se puso en el lugar de las personas que vino a salvar. Desde luego, este patrón de sustitución va tomando más prominencia a lo largo del ministerio de Cristo y llega a su máximo cumplimiento en la cruz, donde Él muere en rescate por muchos, como el sacrificio expiatorio que ocupa el lugar de Su pueblo bajo el juicio divino (Mt 20:28; Mr 15:34; Jn 11:49-52). Sin embargo, en Su bautismo, Jesús comenzó Su viaje como nuestro sustituto de manera formal.

APLICACIÓN

Somos llamados a obedecer todos los mandamientos que Dios nos ha dado, pero nuestra obediencia no asegura nuestra salvación. Solo la obediencia de Cristo puede hacer eso. Nuestra obediencia refleja si estamos agradecidos porque nuestro Señor obedeció perfectamente a Dios en nuestro lugar. Cuando no obedecemos, no estamos mostrando gratitud por lo que Cristo ha hecho, así que debemos procurar obedecer a Dios para expresarle de un modo adecuado nuestra gratitud al Salvador.

PARA ESTUDIO ADICIONAL

Levítico 18:5; Mateo 5:17-18; Marcos 1:9-11; Gálatas 4:4-5

DÍA 27

OBEDIENCIA EN LA TENTACIÓN

LUCAS 4:1-13 «JESÚS, LLENO DEL ESPÍRITU SANTO, VOLVIÓ DEL JORDÁN Y FUE LLEVADO POR EL ESPÍRITU EN EL DESIERTO POR CUARENTA DÍAS, SIENDO TENTADO POR EL DIABLO» (VV. 1-2A).

D esde el comienzo de Su vida terrenal, Jesús nunca dejó de obedecer a Su Padre, por lo que reunió los requisitos para ser nuestro Sumo Sacerdote (He 5:8-10). Todos los días de Su peregrinación, Jesús guardó los mandamientos de Dios, pero hay episodios específicos de obediencia en Su vida que son especialmente instructivos para nosotros. Uno de los más importantes es cuando nuestro Señor fue tentado por Satanás.

Pablo nos dice de forma explícita que Cristo es el nuevo Adán (Ro 5:12-21), el progenitor de una nueva humanidad que amará y servirá al Creador. Nos dice de forma directa que estar en Cristo es estar en el último Adán y formar parte de Su pueblo redimido, que será todo lo que Dios pretendió que la humanidad fuera. Sin embargo, también hay otros autores en el Nuevo Testamento que nos enseñan este concepto, aunque lo hacen de manera indirecta.

II

DÍAS 26 Y 27

Al prestarle mucha atención a la tentación de Jesús, los evangelios sinópticos (Mateo, Marcos y Lucas) nos enseñan que Él es el último Adán. Cuando nos narran la historia de la tentación, plasman esta idea de un modo más implícito que Pablo, pero el concepto es el mismo.

Solo piensa en esto: ¿cuál fue la tentación básica que Adán enfrentó en el huerto del Edén? Fue si confiaría en Dios y viviría según Su Palabra aunque la alternativa ofrecida por Satanás —ser como Dios— pareciera mejor a simple vista. El diablo tentó a Jesús de un modo similar. Desde luego, después de estar cuarenta días sin comer y viviendo en un desierto inhóspito, las tentaciones que Satanás ofreció habrían resultado atractivas para la mayoría de la gente: transformar las piedras en pan y regir cómodamente sobre todos los reinos del mundo. Sin embargo, Jesús escogió confiar en Dios y vivir por Su Palabra, así que logró resistir a Satanás (Lc 4:1-13).

Satanás tentó a Adán al torcer lo que Dios había dicho y al no corregir a Eva cuando ella añadió palabras a lo que Dios había indicado (Gn 3:1-6). De un modo similar, el diablo tentó a Jesús citando pasajes de la Escritura de forma selectiva, sin balancearlos con la enseñanza del resto del Antiguo Testamento sobre temas como probar a Dios, la adoración verdadera y el modo en que el Señor sostiene a Su pueblo. ¿Y cómo fue que Jesús derrotó a Satanás? Conociendo la totalidad de la Palabra de Dios, sin hacer que una sección contradijera a otra (Lc 4:1-13). Interpretó la Escritura a la luz de la Escritura, y eso lo llevó a entender el verdadero sentido de la Biblia y a usarlo contra el enemigo.

PARA
ESTUDIO
ADICIONAL

Proverbios
1:10; Mateo
4:1-11;
Hebreos
4:15; San-
tiago 1:13

Al vencer la tentación de Satanás, Jesús triunfó donde Adán había fracasado en el Edén e hizo posible nuestra salvación (que se concretó en la muerte y la resurrección de Cristo). Además, nos dio un ejemplo. Para resistir la tentación, debemos conocer la Palabra de Dios y vivir por ella.

APLICACIÓN

A medida que crecemos en nuestro conocimiento y amor por la Palabra de Dios, vamos creciendo en nuestra capacidad de reconocer el pecado en nuestro propio corazón e identificar la tentación cuando esta nos confronta. Además, crecer en la Palabra de Dios nos muestra la gloria de Dios, lo que nos convence de que Él es mejor que cualquier cosa que el pecado pueda ofrecer. Si queremos ser más fuertes en la lucha contra el pecado, debemos crecer en nuestro entendimiento de la Palabra de Dios.

OBEDIENCIA BAJO LA LEY

GÁLATAS 4:4-5 «PERO CUANDO VINO LA PLENITUD DEL TIEMPO, DIOS ENVIÓ A SU HIJO, NACIDO DE MUJER, NACIDO BAJO *LA* LEY, A FIN DE QUE REDIMIERA A LOS QUE ESTABAN BAJO *LA* LEY, PARA QUE RECIBIÉRAMOS LA ADOP-CIÓN DE HIJOS».

J usto antes de morir, el Dr. J. Gresham Machen, renombrado defensor de la ortodoxia bíblica en el presbiterianismo de principios del siglo XX, envió un telegrama que decía: «Estoy muy agradecido por la obediencia activa de Cristo. No hay esperanza sin ella». El mensaje de Machen indica que necesitamos tanto la muerte como la vida de obediencia de Cristo para ser salvos. No basta con que nuestros pecados sean removidos por la expiación; también necesitamos tener un registro positivo de justicia, una obediencia que cumpla las demandas que Dios le dio a la humanidad de ejercer dominio sobre el mundo para Su gloria (Gn 1:26-28).

Este reconocimiento de que necesitamos la obediencia activa que Cristo le rindió a Dios es anterior a la Reforma protestante y se remonta hasta los apóstoles. Como vemos en el pasaje de hoy, Cristo nació «bajo *la* ley» para redimir a los que están «bajo *la* ley» (Gá 4:4-5). Pero ¿qué significa estar bajo la ley? En términos prácticos, significa que estamos obligados a guardar la ley de forma perfecta para gozar de justicia ante Dios. Al nacer bajo la ley, nuestro Salvador acordó cumplir sus demandas para que fuéramos librados de su sentencia de muerte contra los que no la obedecen a la perfección. Juan Calvino comenta: «Cristo eligió

II

DÍAS 27 Y 28

sujetarse a guardar la ley para que nosotros pudiéramos quedar exentos de ella».

Aquí debemos tener cuidado. En Gálatas 4:4-5, lo principal que Pablo tiene en mente es la ley mosaica, pero no debemos ver el pacto mosaico como un pacto de obras, dado a los pecadores, en el que se esperaba que ellos ganaran su propia justicia ante Dios. Recuerda que Dios dio la ley mosaica después de redimir a Su pueblo. Para los pecadores, la gracia precede a la ley, y la forma en que los pecadores le agradecen a Dios por Su gracia es buscando ser fieles a la ley. Sin embargo, la ley promete vida para los que la guardan a la perfección (Lv 18:5). Los que lo hagan perfectamente serán justificados (Ro 2:13). No obstante, los pecadores no podemos guardar la ley con la perfección que Dios exige y, reconociendo esto, Dios incluyó en la ley la provisión clemente de los sacrificios para expiar el pecado.

Sin embargo, nada de esto significa que Dios pueda simplemente dejar de lado Sus demandas. En Adán fracasamos en complacer al Señor, y un Dios justo no puede simplemente dejar de lado Sus mandamientos. Su justicia exige que Su ley sea guardada. Los mandamientos morales dados a Adán se encuentran de forma esencial en la ley mosaica, y cuando nuestro Salvador guardó esos mandamientos, hizo lo que nosotros jamás podríamos hacer. Al someterse a la ley y vivir una vida perfecta, Jesucristo cumplió con las exigencias de Dios en nuestro lugar. Su historial de obediencia perfecta a la ley de Dios ahora es nuestro por la sola fe en Él (1 Co 1:30-31).

PARA
ESTUDIO
ADICIONAL

Isaías
53:9; Romanos 10:4;
2 Corintios 5:21;
Filipenses
3:2-11

APLICACIÓN

Si estamos en Cristo, hemos sido redimidos de la ley y no estamos «bajo la ley, como un pacto de obras, para ser justificados o condenados por ella» (Confesión de Fe de Westminster 19.6). Ahora estamos libres para usar la ley según el propósito para el cual Dios se la dio a Su pueblo redimido: como una guía para la santidad. Buscamos obedecer la ley no para salvarnos a nosotros mismos, sino para manifestar el carácter santo que Dios busca en Sus hijos redimidos.

OBEDIENCIA EN EL SUFRIMIENTO

HEBREOS 5:8-10 «AUNQUE ERA HIJO, APRENDIÓ OBEDIENCIA POR LO QUE PADECIÓ» (V. 8).

L os protestantes reformados han enseñado durante siglos que la obediencia de Cristo durante toda Su vida terrenal fue necesaria para nuestra salvación. Fue necesario que nuestro Señor guardara activamente los mandamientos de Dios para que Cristo pudiera ser nuestra justicia (1 Co 1:30). Sin embargo, además de la obediencia activa de Jesús, también necesitamos Su obediencia pasiva, que Él sufriera la maldición de Dios para que pudiéramos ser limpiados de nuestro pecado (Ro 3:21-26).

Cuando meditamos en la obediencia pasiva de Cristo, debemos recordar que no significa que nuestro Señor fuera un mero receptor pasivo del sufrimiento en Su muerte. Sí, Él sufrió porque otros hombres lo golpearon y crucificaron, pero Cristo fue activo incluso en eso. Él se entregó a los pecadores para morir en nuestro lugar (Mr 15:16-20). Él dio Su vida de forma voluntaria; nadie se la quitó (Jn 10:18).

Todo el sufrimiento que Cristo soportó desde el nacimiento hasta la muerte está incluido en la categoría de la obediencia pasiva, pero cuando nos referimos a Su obediencia pasiva hablamos particularmente sobre el sufrimiento que Jesús soportó en Su crucifixión. El pasaje de hoy se refiere a este sufrimiento e indica que, por Su sufrimiento, Cristo aprendió obediencia (He 5:8).

La frase «aprendió obediencia» es interesante y puede resultarnos extraña. Después de todo, Jesús es Dios encarnado (Jn 1:1-18) y, obviamente, el conocimiento de Dios no aumenta. Sin embargo, debemos recordar que Jesús también es verdadero hombre y que puede aprender en Su naturaleza humana, aunque no en Su naturaleza divina. John Owen, el teólogo reformado del siglo XVII, comenta que al usar la frase «aprendió obediencia», el autor de Hebreos quiere decir que Jesús llegó a entender el sufrimiento al experimentarlo por Sí mismo. Al pasar por sufrimiento como

II

DÍAS 28 Y 29

53

hombre, Jesús compartió la condición humana del sufrimiento y ahora puede ayudarnos cuando sufrimos.

Sin embargo, en Su sufrimiento, Cristo también experimentó algo que nosotros jamás conoceremos. Owen señala que hay algo «peculiar en esa obediencia que se dice que el Hijo de Dios aprendió de Sus propios sufrimientos, a saber: lo que es para una persona sin pecado sufrir por los pecadores». En algunos sentidos, los sufrimientos de Cristo son análogos a los nuestros, pero, en otros sentidos, son únicos de Su papel como nuestro Mediador. De hecho, fue a través de la obediencia a Dios y experimentar la maldición del sufrimiento que nuestro pecado merece que Jesús fue perfeccionado como nuestro Sumo Sacerdote. Al ofrecerse a Sí mismo como nuestra expiación, Cristo cumplió la tarea asignada y vino a ser «fuente de eterna salvación» (He 5:9-10).

PARA
ESTUDIO
ADICIONAL
———
Génesis
39; Isaías
53; Mar-
cos 8:31;
1 Pedro
2:18-25

APLICACIÓN

El sufrimiento que Cristo padeció en manos de otros hombres fue injusto, pero lo soportó de todas formas. Aunque hay momentos en que somos llamados a luchar contra el sufrimiento injusto, también hay ocasiones en que debemos soportarlo por el testimonio del evangelio. Determinar qué debemos hacer en una situación dada es difícil, así que debemos orar constantemente para que Dios nos dé discernimiento, de modo que sepamos cuándo someternos al sufrimiento y cuándo no hacerlo.

DÍA 30

CRISTO, NUESTRO PROFETA

JUAN 4:19 «LA MUJER LE DIJO [A JESÚS]: "SEÑOR, ME PARECE QUE TÚ ERES PROFETA"».

A l afirmar el principio de *solus Christus* (Cristo solo), los reformadores protestantes estaban llamado a la iglesia a volver a la convicción cristiana fundamental de que Jesús es suficiente para la salvación. La iglesia, los sacramentos y otras cosas son importantes e incluso esenciales para la vida cristiana, pero en sí mismas no salvan. Cristo es el que salva y Su obra de salvación es suficiente para nosotros gracias a la perfección de Su persona y obra.

Una de las formas comunes en que los reformadores conceptualizaron la persona y obra de nuestro Salvador fue bajo la rúbrica del oficio triple de Cristo como nuestro Profeta, Sacerdote y Rey. Hoy meditaremos en Cristo como nuestro Profeta. Cualquier estudio de los evangelios nos mostrará que Jesús fue considerado profeta durante Su vida. Por ejemplo, la mujer con la que Cristo habló junto al pozo de Samaria confesó que Jesús era profeta, y Él no la corrigió (Jn 4:19). Aceptó esa designación porque Él cumple el oficio profético.

La pregunta 24 del Catecismo Menor de Westminster describe esto al explicarnos que Cristo es nuestro Profeta, ya que nos revela «mediante su Palabra y su Espíritu, la voluntad de Dios para nuestra salvación». Jesús nos revela el camino al Padre, señalando que Él mismo es la única vía mediante la cual podemos reconciliarnos con Dios (Jn 14:6). De hecho, Jesús no solo nos da las palabras de Dios, sino que es la Palabra de Dios misma, la encarnación de la salvación de Dios (1:1-18).

Cuando nos referimos a Cristo como nuestro Profeta, no estamos hablando solo de lo que Él enseñó durante Su ministerio terrenal. Toda la Palabra de Dios, desde Génesis hasta Apocalipsis, es producto del ejercicio del oficio profético de Cristo. Si bien es cierto que el Espíritu Santo destaca de forma especial cuando hablamos de la inspiración de las Sagradas Escrituras (ver 2 P 1:21), el Espíritu no actuó en solitario al revelarle la voluntad de Dios al pueblo de Dios. Como el Padre, el Espíritu y el Hijo están perfectamente unidos y comparten una sola esencia (Mt 28:18-20), las palabras dadas por el Espíritu también son palabras del Padre y del Hijo. Por lo tanto, Jesús nos habla en cada palabra de la Biblia.

El hecho de que Cristo sea el Profeta enviado por Dios demuestra la perfección de Su enseñanza. Juan Calvino escribe: «El propósito de la dignidad profética en Cristo es enseñarnos que la doctrina que Él nos impartió incluye sustancialmente una sabiduría que es perfecta en todas sus partes» (*Institución* 2.15.2). Su Palabra siempre salva a los que Él quiere que salve (Is 55:10-11).

PARA ESTUDIO ADICIONAL

Deuteronomio 18:15-22; Amós 3:7; Mateo 21:11; Hebreos 1:1-4

II

DÍAS 29 Y 30

La historia está llena de falsos profetas que engañaron a muchos para luego demostrar que no tenían palabras de Dios. Sin embargo, Cristo es el Profeta verdadero cuya Palabra es totalmente confiable y nunca deja de cumplir Sus propósitos para esta. Hoy en día, Él lleva a cabo Su ministerio profético mediante Su Palabra escrita y, si queremos conocer la voluntad de Dios para nosotros, debemos comprometernos a estudiar las Escrituras.

DÍA 31

CRISTO, NUESTRO SACERDOTE

HEBREOS 2:17 «POR LO TANTO, [CRISTO] TENÍA QUE SER HECHO SEMEJANTE A SUS HERMANOS EN TODO, A FIN DE QUE LLEGARA A SER UN SUMO SACERDOTE MISERICORDIOSO Y FIEL EN LAS COSAS QUE A DIOS ATAÑEN, PARA HACER PRO-PICIACIÓN POR LOS PECADOS DEL PUEBLO».

B ajo el antiguo pacto, los sacerdotes representaban al pueblo delante de Dios, llevando sacrificios a favor de ellos para cubrir sus pecados y limpiar el templo y el tabernáculo. La tarea más importante del sacerdocio se realizaba una vez al año en el día de la expiación, cuando el sumo sacerdote de Israel llevaba la sangre del sacrificio al lugar santísimo para expiar los pecados de la nación (Lv 16). Esa limpieza anual realizada por el mediador que representaba al pueblo era necesaria para mantener la relación pactual entre el Señor y los israelitas.

En la época de la Reforma, se hacía mucho énfasis en los sacerdotes de la iglesia como intermediarios entre el pueblo y Dios que ofrecían un sacrificio expiatorio en la eucaristía (la Cena del Señor) en cada misa. Los reformadores se opusieron con vigor a esa idea pues veían, y con razón, que la continuidad de un sacerdocio que propiciara (alejara) la ira de Dios mediante el sacrificio continuo de la misa era un repudio al oficio de Cristo como nuestro Sumo Sacerdote. Como vemos en el pasaje de hoy y en muchos otros textos del libro de Hebreos, hay solo un sacerdote e intermediario entre el pueblo y Dios: Jesucristo, nuestro Señor (He 2:17).

El Catecismo Menor de Westminster explica que «Cristo ejecuta el oficio de Sacerdote, al haberse ofrecido a sí mismo en sacrificio, una sola vez, para satisfacer la justicia divina, y reconciliarnos con Dios, y al interceder continuamente por nosotros» (pregunta 25). Aquí vemos que la obra sacerdotal de nuestro Señor incluye Su sacrificio eficaz por nuestro pecado, que nunca se repetirá, y también Su intercesión eficaz en nuestro lugar.

Cuando hablamos de Jesús como nuestro Sacerdote o Sumo Sacerdote estamos refiriéndonos, primero que todo, a la perfección de Su sacrificio. Los sacerdotes del antiguo pacto repetían sus sacrificios una y otra vez porque la sangre de toros y de machos cabríos no puede expiar de verdad el pecado de los seres humanos. Solo un ser humano puede expiar por otros seres humanos, así que era necesario que un hombre muriera si alguna vez iba a efectuarse una expiación genuina. Cristo Jesús ofreció esa expiación perfecta al sufrir y morir como hombre para cubrir nuestro pecado. La perfección de Su expiación significa que no puede ser repetida ni es necesario repetirla, y que cualquier intento de hacerlo pone en tela de juicio la suficiencia de Su obra (He 9-10).

Cristo es nuestro Salvador totalmente suficiente porque es nuestro Sacerdote. No solo ofrece la expiación verdadera por nuestro pecado, sino que además vive perpetuamente para interceder por nosotros (7:25). Realmente es una buena noticia que Cristo ore por Su pueblo, pues eso significa que no puede dejar de salvar a Sus escogidos. Como es el Hijo de Dios, Él sabe cómo interceder de forma perfecta por nosotros ante Su Padre, de modo que ninguno de los Suyos se perderá jamás.

PARA ESTUDIO ADICIONAL

Números 11:1-3; 1 Samuel 12:19-25; Marcos 14:22-25; Juan 17

APLICACIÓN

Nos es difícil saber cómo orar por nosotros mismos, pero Cristo no tiene ese problema. Él ora perfectamente por nosotros ante Su Padre, de modo que si confiamos en Él, es inevitable que perseveremos en la fe. A fin de cuentas, nuestra perseverancia depende de las oraciones fieles de Cristo por nosotros. Si hoy estás desanimado debes saber que, si confías en Jesucristo, Él está orando de forma perfecta por ti en este mismo instante.

II

DÍAS 30 Y 31

CRISTO, NUESTRO REY

APOCALIPSIS 17:14 «ELLOS PELEARÁN CONTRA EL CORDERO, PERO EL CORDERO LOS VENCERÁ, PORQUE ÉL ES SEÑOR DE SEÑORES Y REY DE REYES, Y LOS QUE ESTÁN CON ÉL *SON* LLAMADOS, ESCOGIDOS Y FIELES».

Cada noche vemos noticias de guerras en otros países en la televisión. En Internet, leemos sobre el último escándalo político y el modo en que la oposición se aprovecha de este. En los periódicos, los titulares nos advierten sobre la llegada inminente de una ruina económica o la propagación de una enfermedad mortal. Nuestro mundo caído puede ser un lugar aterrador y parece que las malas noticias que nos llegan son infinitas.

Estos problemas nos llevan a desear un rey sabio, ¿no es así? Nos llevan a esperar a uno que pueda abordar las causas fundamentales de estos problemas, derrotar a nuestros enemigos y protegernos de todo peligro. La Biblia nos habla de ese rey: Jesús el Mesías.

Al revelarnos la persona y la obra de Cristo, la Escritura nos dice que Jesús no solo es nuestro Profeta y Sumo Sacerdote, sino también nuestro Rey. Como vemos en el pasaje de hoy, Cristo es «Señor de señores y Rey de reyes» y derrotará a todos Sus enemigos (Ap 17:14). Esta es una verdad muy importante que debemos recordar mientras vivamos en este mundo caído. Con mucha frecuencia, experimentamos lo que parecen ser derrotas en nuestra batalla contra el mundo, la carne y el diablo. Sin embargo, las buenas nuevas del evangelio nos dicen que esas derrotas solo son temporales, pues Cristo ha ascendido a la diestra de Dios Padre y ha recibido el nombre que es sobre todo nombre (Hch 2:33; Fil 2:5-11). Él es el gobernante omnipotente de Su pueblo, y no puede dejar de darnos la victoria final. La esperanza del cristiano nunca está perdida, pues servimos a Aquel que «debe reinar hasta que haya puesto a todos Sus enemigos debajo de Sus pies» (1 Co 15:25) y no dejará de conquistarlos a todos.

Cristo en verdad es el Rey de Su pueblo. Sin embargo, no solo tiene autoridad sobre Sus siervos en la iglesia. Como es «Rey de reyes» (Ap 17:14), también está sentado en el trono sobre todos los gobernantes, lo que significa que en última instancia los súbditos de ellos tendrán que postrarse ante Él. Hemos recibido la comisión de predicar el evangelio del reino (Mt 24:14), así que nuestro trabajo es anunciar la realidad del reinado actual de Cristo y llamar a la gente a postrarse ante Jesús como el Soberano de todo. Todos se postrarán: algunos de forma voluntaria porque Él les ha dado corazones nuevos, y otros a la fuerza, pues Él los obligará a doblar las rodillas antes de enviarlos al juicio eterno (Sal 2).

«Cristo ejecuta el oficio de Rey, sometiéndonos a Él mismo, gobernándonos y defendiéndonos, y refrenando y venciendo a todos los enemigos Suyos y nuestros» (Catecismo Menor de Westminster, pregunta 26). Él subyuga nuestro corazón de piedra y nos transforma en súbditos voluntarios de Su reino, un reino que no terminará nunca porque Él está conquistando a todos Sus enemigos.

PARA ESTUDIO ADICIONAL

Salmo 10:16; Zacarías 9:9; Juan 12:12-16; Apocalipsis 11:15

APLICACIÓN

El reino de Dios es una monarquía gobernada por el Rey perfecto que no dejará de ejecutar la justicia. Saber esto nos sostendrá cuando enfrentemos las múltiples injusticias que este mundo tiene para ofrecer. Cristo las ve todas y a la postre las rectificará. Él nos llama a ser embajadores de Su reino, a proclamar Su reino de justicia advirtiéndole a la gente que solo podrá gozar de la paz de Su reino si dobla la rodilla ante Él hoy.

DÍA 33

LA SUSTITUCIÓN PENAL

ISAÍAS 53 «PERO ÉL FUE HERIDO POR NUESTRAS TRANSGRE-SIONES, MOLIDO POR NUESTRAS INIQUIDADES. EL CASTIGO, POR NUESTRA PAZ, *CAYÓ* SOBRE ÉL, Y POR SUS HERIDAS HEMOS SIDO SANADOS. TODOS NOSOTROS NOS DESCARRIAMOS COMO OVEJAS, NOS APARTAMOS CADA CUAL POR SU CAMINO; PERO EL SEÑOR HIZO QUE CAYERA SOBRE ÉL LA INIQUIDAD DE TODOS NOSOTROS» (VV. 5-6).

II

DÍAS 32 Y 33

A l reflexionar en Jesús como nuestro Sumo Sacerdote, vimos que Su muerte es uno de los aspectos claves de Su obra sacerdotal. Como explica Hebreos 9:11-28, la muerte de Cristo fue un sacrificio ofrecido «para destruir el pecado». No podemos entender la obra de Cristo si no entendemos qué ocurrió en la crucifixión de nuestro Señor.

Cuando consideramos la expiación de nuestro Señor, debemos notar que la Escritura describe de varias maneras lo que la crucifixión logró. Por ejemplo, la muerte de Jesús es descrita como un rescate pagado a Dios para librarnos de nuestra esclavitud al pecado y también como la derrota de Satanás (Mr 10:45; Col 2:13-15). Cristo incluso describe Su muerte como la ilustración suprema de Su amor por Sus amigos (Jn 15:13). Sin embargo, aunque no debemos olvidar que la expiación es todo eso, debemos enfatizar que la realidad principal de la expiación es que fue una sustitución penal.

En la sustitución penal, el castigo que merecemos por nuestra transgresión es pagado por un sustituto, a saber: Jesucristo. El principio de la sustitución penal es la base del sistema de sacrificios del antiguo pacto. Dios le dijo a Adán que la pena del pecado era la muerte (Gn 2:16-17). En los sacrificios del antiguo pacto, la gente ponía las manos sobre los animales de los sacrificios, identificándose así con ellos, y luego los animales eran ejecutados (ver Lv 4). Eso ilustraba la transferencia del pecado y de la culpa del pecador al sustituto. El pecador podía vivir porque el animal había muerto en su lugar, cargando el castigo que el pecador merecía.

Sin embargo, como «es imposible que la sangre de toros y de machos cabríos quite los pecados» (He 10:4), los sacrificios de animales del antiguo pacto no realizaban una expiación genuina. Eran tipos y sombras que apuntaban al único sacrificio expiatorio verdadero que nuestro Señor y Salvador Jesucristo ofreció de una vez para siempre en el Calvario (vv. 5-18). Este único acto efectivo y final de sustitución penal estaba prefigurado en todo el sistema de sacrificios del antiguo pacto y fue predicho de forma explícita en Isaías 53. El profeta nos dice que Dios puso nuestra iniquidad sobre el Siervo Sufriente (Cristo) (Is 53:6): nuestro pecado le fue transferido en la expiación. Él fue «herido» y «molido por nuestras iniquidades... cortado de la tierra de los vivientes por la transgresión [del] pueblo [de Dios]» (vv. 5, 8). En otras palabras, Cristo soportó el castigo que Su pueblo merece en lugar de ellos. Si confiamos solo en Él para nuestra salvación, no debemos tener miedo de la muerte eterna, pues Jesús cargó nuestro pecado en la cruz para que no recibamos el juicio eterno (v. 10; Jn 3:16).

PARA ESTUDIO ADICIONAL

Levítico 5:14-19; Jeremías 33:8; 1 Corintios 1:4-9; 1 Juan 4:10

APLICACIÓN

Todas las personas sienten culpa por sus transgresiones, sin importar cuánto se esfuercen por reprimirla. La única forma de librarnos del peso de la culpa es que sea quitado a través de la expiación. Si has confiado solo en Cristo para tu salvación, no es necesario que hoy te sientas culpable ante Dios, pues Él ha pagado tu pecado. Si no has confiado en Cristo, tu culpa será eliminada cuando descanses solo en Él.

DÍA 34

LA EXPIACIÓN PARTICULAR

JUAN 10:11 «YO SOY EL BUEN PASTOR; EL BUEN PASTOR DA SU VIDA POR LAS OVEJAS».

A l morir en la cruz bajo la ira de Dios que merecemos, Cristo expió los pecados de Su pueblo (Is 53). En esa oración debes notar la frase calificativa «Su pueblo». Cuando hablamos de la expiación, no es suficiente tratarla en términos generales. Como la sustitución penal implica que una persona, Jesucristo, muere en lugar de otras, es necesario que entendamos quiénes son esas otras. Cristo murió con el propósito de salvar personas, pero ¿a quiénes pretendía salvar?

La mayoría de los que profesan ser cristianos probablemente dirían que Jesús murió por todas las personas del mundo sin excepción. Sin embargo, cuando leemos la Escritura con cuidado, vemos algo distinto. En realidad, Cristo solo expió los pecados de Su pueblo, no los de todas las personas que han vivido.

II

DÍAS 33 Y 34

Juan 10 es un pasaje clave para este tema. Jesús dice en el versículo 11 que Él da Su vida por Sus ovejas. Si nuestro Salvador hubiera expiado los pecados de todas las personas sin excepción, todas las personas que han vivido tendrían que ser Sus ovejas. Sin embargo, unos pocos versículos después, Jesús alude a los que no son de Sus ovejas (v. 26). Resulta ser que hay una diferencia entre dos grupos de personas que es significativa para nuestra discusión. Algunas personas son ovejas de Jesús y otras no. No obstante, nuestro Señor no afirma que murió por los que no son Sus ovejas, sino solo por Sus ovejas.

Además de la evidencia bíblica que muestra que Cristo murió solo por Sus elegidos, también hay cuestiones lógicas importantes que debemos considerar. En la expiación, Cristo carga el castigo de los pecadores, así que Dios sería injusto si castigara en el infierno a alguien por quien murió Cristo. Si Cristo cargó el castigo de todos los pecadores sin ninguna excepción, o bien todos los que han vivido deben estar en el cielo o los que están en el infierno están siendo castigados de forma injusta (sus delitos están siendo castigados dos veces: una vez en Cristo y otra vez en ellos). Sin embargo, sabemos que Dios es perfectamente justo y que algunas personas van al infierno (Dt 32:4; Ap 21:8). Por lo tanto, Cristo debió haber muerto solo por los que efectivamente terminan siendo salvos

Algunos han dicho que Cristo murió para salvar a todas las personas, pero que la incredulidad impide que algunos reciban la salvación. Sin embargo, aunque debemos creer en Jesús para ser salvos (Mr 16:16; Hch 16:31), la incredulidad es un pecado, así que también está cubierta por la expiación. Si Cristo murió por todos los incrédulos, terminamos volviendo al universalismo o a la afirmación de que Dios castiga injustamente el pecado dos veces. Por lo tanto, la única incredulidad que fue expiada por Cristo es la incredulidad de los que finalmente, por la obra del Espíritu, abandonan su incredulidad y confían solo en Él para salvación.

PARA
ESTUDIO
ADICIONAL

Isaías
40:1-2;
Ezequiel
16:62-63;
Mateo 1:21;
1 Juan
3:16

APLICACIÓN

Cristo murió por personas de toda clase; eso es lo que significan los pasajes que afirman que Él hizo propiciación por el mundo

(1 Jn 2:2). Sin embargo, Jesús no murió por todas las personas sin excepción. Dios escogió a un pueblo específico que incluye a hombres y mujeres de toda tribu y lengua, y Cristo murió de forma específica por ellos para expiar solo sus pecados. Si crees en Jesús, estabas específicamente en Su mente cuando Él expió tus pecados. Así de grande es Su amor particular por ti.

CRISTO RESUCITADO

1 CORINTIOS 15:20-22 «PERO AHORA CRISTO HA RESUCI- TADO DE ENTRE LOS MUERTOS, PRIMICIAS DE LOS QUE DUR- MIERON. PORQUE YA QUE LA MUERTE *ENTRÓ* POR UN HOMBRE, TAMBIÉN POR UN HOMBRE *VINO* LA RESURRECCIÓN DE LOS MUERTOS. PORQUE ASÍ COMO EN ADÁN TODOS MUEREN, TAM- BIÉN EN CRISTO TODOS SERÁN VIVIFICADOS».

Solo Cristo salva a Su pueblo, y nos hemos enfocado mucho en que Su obediencia durante Su vida y Su muerte expiatoria en la cruz son esenciales para nuestra salvación. Sin embargo, un aspecto de Su obra que es fácil pasar por alto cuando consideramos cómo nos salva Jesús es Su resurrección. Sin la resurrección de nuestro Señor, no habría salvación.

Para empezar, Romanos 4:25 nos dice que Jesús fue «resucitado para nuestra justificación». Si queremos entender lo que esto significa, debemos recordar que la muerte no era parte de la creación original de Dios, sino que se introdujo como un aspecto del castigo por el pecado (Gn 2-3). La única razón por la que Jesús pudo morir en la cruz fue porque los pecados de otros le fueron imputados, puestos sobre Él para que pudiera soportar el castigo que nosotros merecemos (Isa. 53). Si el propio Jesús hubiera sido pecador no podría haber salvación, pues un pecador no puede expiar por otro pecador; el sacrificio expiatorio debe ser sin defecto (He 7:23-28). La resurrección de Cristo demuestra que Él no era pecador; de hecho, el que Dios resucite a Cristo de entre los muertos es Su declaración de que Su Hijo es perfectamente justo. La muerte no pudo retener a Jesús para siempre porque Él no era pecador y la ira de Dios contra nuestro pecado se agotó en la cruz. El Padre tenía que resucitar a Su Hijo de entre los muertos porque la justicia perfecta exige que la muerte no pueda retener a una persona si no hay pecado presente. Cristo no tenía pecados propios y no quedó ningún pecado que tuviera que ser castigado una vez que la obra de Cristo en la cruz terminó. Por ende, la resurrección de Jesús era necesaria.

Sabemos que Dios aceptó el pago de Cristo por el pecado y que Cristo es perfectamente justo porque Jesús resucitó de los muertos. Por lo tanto, también sabemos que confiar solo en Jesús nos salvará. Sabemos que Él tiene una justicia perfecta con la que vestirnos, como se nos promete en el evangelio (2 Co 5:21). Además, como la justicia de Cristo nos ha sido imputada gracias a nuestra unión con Él mediante la fe sola, seremos resucitados para vida eterna (Ro 6:1-11). De este modo, la segunda verdad de la resurrección de Cristo es que garantiza nuestra resurrección. Eso es lo que nos dice Pablo en el pasaje de hoy, cuando afirma que Jesús es las «primicias de los que durmieron» (1 Co 15:20-22). Las primicias son los primeros frutos cosechados de un cultivo que demuestran que toda la plantación madurará y será cosechada. Cristo es las primicias de los muertos: Su resurrección con un cuerpo glorificado demuestra que todos los que estamos en Él por la fe también seremos resucitados para la gloria.

PARA
ESTUDIO
ADICIONAL

Job 19:25-
27; Daniel
12:1-3;
Mateo
27:45-
53; Juan
11:25-26

APLICACIÓN

Es entendible que al meditar en la obra salvadora de Cristo pensemos de inmediato en la cruz, pues la expiación paga nuestras transgresiones y nos limpia del pecado. Sin embargo, la resurrección de Cristo tiene la misma importancia. Sin Su resurrección, la muerte de Cristo no habría sido más importante que la muerte de cualquier otra persona. Medita en la resurrección hoy y agradece a Dios por cómo esta garantiza tu salvación.

CRISTO ASCENDIDO

EFESIOS 4:9-10 «ESTA *EXPRESIÓN*: "ASCENDIÓ", ¿QUÉ SIG-
NIFICA, SINO QUE ÉL TAMBIÉN HABÍA DESCENDIDO A LAS
PROFUNDIDADES DE LA TIERRA? EL QUE DESCENDIÓ ES TAM-
BIÉN EL MISMO QUE ASCENDIÓ MUCHO MÁS ARRIBA DE TODOS
LOS CIELOS, PARA PODER LLENARLO TODO».

J esús vivió una vida perfecta, murió una muerte expiatoria
y resucitó de los muertos para salvarnos. Sin embargo, no
podemos entender a plenitud la relación entre la persona
y la obra de Cristo y nuestra redención a menos que también
consideremos la ascensión de nuestro Señor. Como dijo Pedro
en Pentecostés, Jesús fue «exaltado a la diestra de Dios» después
de Su resurrección (Hch 2:14-36).

La ascensión de Cristo nos beneficia de muchas formas. En
primer lugar, es el momento en que Él asume formalmente Su
oficio de Rey. Ya que el Hijo se humilló a Sí mismo, tomó nuestra
carne y cumplió Su misión, el Padre «le exaltó hasta lo sumo»
(Fil 2:5-11). Cristo, que había gozado eternamente de la misma
autoridad que el Padre en Su deidad, ascendió al cielo para ejercer
autoridad sobre todo también en Su humanidad. El Dios Hombre ahora reina sobre todo y está poniendo a todos los enemigos
Suyos y nuestros bajo Sus pies (1 Co 15:25).

En el pasaje de hoy, Pablo describe un segundo modo en que la
ascensión de Cristo promueve el bien de Su pueblo. El apóstol nos
dice que Jesús ascendió sobre todos los cielos «para poder llenarlo
todo» (Ef 4:9-10). Juan Calvino comenta ese llenado y explica que
«aunque [Jesús] está lejos de nosotros en cuanto a Su presencia
física, llena todas las cosas por el poder de Su Espíritu». En Su
naturaleza humana, Cristo está en el cielo, pues allí es donde
están presentes Su cuerpo y Su alma humanos. Sin embargo, a
través del Espíritu Santo, Cristo está presente junto a Su pueblo
aquí en la tierra.

Calvino continúa: «¿Acaso [Cristo] no lo llenaba todo antes?
Reconozco que sí lo hacía en Su naturaleza divina, pero no se

II

DÍAS 35 Y 36

ejercía el poder de Su Espíritu ni se manifestaba Su presencia de la misma forma en que eso ocurre después de que tomó posesión de Su reino». Para nosotros es mejor que ahora Jesús no esté presente aquí en la carne. El propio Jesús dijo: «les conviene que Yo me vaya; porque si no me voy, el Consolador no vendrá a ustedes; pero si me voy, se lo enviaré» (Jn 16:7). Para que el Espíritu Santo (el Consolador) ejerciera Su ministerio entre el pueblo de Dios de forma cabal, Jesús tenía que ascender al cielo. Su ascensión y el envío del Espíritu significan que estamos en los últimos días antes de la renovación de la creación (Jl 2:28-32; Hch 2). Además, por Su Espíritu, ahora podemos tener comunión con el Cristo completo en Su deidad y humanidad, pues, mediante el Espíritu, Cristo zanja la distancia que nos separa de Su cuerpo físico en el cielo. Cristo es omnipresente de acuerdo a Su naturaleza divina, así que siempre ha estado cerca en todas partes. Sin embargo, antes de que ascendiera al cielo y enviara Su Espíritu, solo las personas que entraron en contacto directo con Jesús mientras Él ministró en Galilea y Judea lo encontraron en Su humanidad. Desde que ascendió, podemos tener comunión con Cristo en Su humanidad sin importar dónde vivamos.

PARA
ESTUDIO
ADICIONAL

Salmo 68;
Prover-
bios 30:4;
Juan 3:13;
Hechos
2:29-36

APLICACIÓN

La ascensión de Cristo hace posible que las personas de todo el mundo tengan comunión con Él en Su deidad y Su humanidad. El Cristo completo está presente junto a nosotros, así que podemos beneficiarnos de Su humanidad aunque Su cuerpo físico esté en el cielo. Tengamos comunión con Él en oración, pidiendo que Dios nos conforme a la imagen de Su Hijo.

SOLA
GRATIA

III

La *sola gratia* -gracia sola- preserva la verdad de que el Señor nuestro Dios es el único Salvador, enfatizando que solo Su favor y Sus acciones salvarán a Su pueblo. La gracia sola no simplemente nos indica que la gracia es necesaria para la salvación, sino también que la gracia salvadora nunca deja de salvar a aquellos a los que les es dada. A diferencia de la gracia común o la benevolencia general de Dios que les es mostrada a todas las personas, la salvación por la gracia sola significa que la gracia salvadora del Señor solamente llega a las personas que Él ha decidido redimir y siempre produce la conversión y la perseverancia en la fe de los elegidos de Dios.

La gracia salvadora de Dios es eficaz para la salvación. Si el Señor quiere salvar a alguien, esa persona será salva. Aunque el receptor de la gracia salvadora pueda resistirse al Señor durante un tiempo, terminará recibiendo a Cristo como Salvador y Señor, pues Dios le da un nuevo corazón que elige libre pero inevitablemente confiar en Jesús.

EL PRIMER PACTO DE DIOS CON LA HUMANIDAD

GÉNESIS 2:15-17 «Y EL SEÑOR DIOS ORDENÓ AL HOMBRE: "DE TODO ÁRBOL DEL HUERTO PODRÁS COMER, PERO DEL ÁRBOL DEL CONOCIMIENTO DEL BIEN Y DEL MAL NO COME- RÁS, PORQUE EL DÍA QUE DE ÉL COMAS, CIERTAMENTE MORIRÁS"» (VV. 16-17).

E l cristianismo bíblico enfatiza la gracia de Dios, el favor inmerecido que Él muestra a Sus elegidos y Su iniciativa para salvar a la gente de sus pecados. Sin embargo, no podemos entender Su gracia al margen de las formas en que Él ha tratado con las personas en la historia. Debemos retroceder en el tiempo hasta antes de que la salvación fuera necesaria para poder conocer la gracia de Dios.

El pasaje de hoy describe la prohibición en el primer pacto que nuestro Creador hizo con los seres humanos. En este pacto de obras, que a veces se conoce como pacto de creación o pacto de vida, Dios prohibió que Adán y Eva comieran del árbol del cono- cimiento del bien y del mal (Gn 2:15-17). Si hubieran obedecido perfectamente este pacto, Adán y Eva habrían sido confirmados en la vida: habrían sido considerados justos delante del Señor y habrían heredado la vida eterna. Sabemos esto por la amenaza de muerte ligada a la violación de este pacto y también por Romanos 5:12-21. En el pasaje de Romanos, Pablo traza un paralelo entre el primer Adán y el último Adán, que es Jesucristo. Nos dice que la obediencia de Cristo trae justificación (la declaración de que somos justos) y vida eterna para los que están en Él (los que creen en Jesús). Debido al paralelo, sabemos que Adán habría garanti- zado las mismas bendiciones para los que están en él (todos sus descendientes) si hubiera sido obediente.

El hecho de que el primer pacto con Adán sea conocido como el pacto de obras no significa que no haya nada de gracia en él. Podríamos decir que fue por gracia que el Señor creó todas las cosas y entabló una relación con nuestros primeros padres. Sin embargo, la gracia que lleva a la salvación no formaba parte del estado anterior a la caída. Conocemos el pacto con Adán como el pacto de obras porque el esfuerzo humano era el medio por el cual se garantizaba la bendición. Las buenas obras de obediencia al ser fecundos, ejercer dominio sobre la tierra y abstenerse del árbol prohibido habrían hecho que Adán y sus descendientes merecieran la vida eterna (Gn 1:28; 2:15-17). Esto contrasta con el pacto de gracia instituido después del pecado de Adán, pues en este último recibimos la vida eterna por la gracia de Dios y no por nuestras obras.

Como sabemos, Adán y Eva quebrantaron el pacto de obras y se sumieron en el pecado junto a todos sus descendientes con una sola excepción: Jesús (cap. 3). La naturaleza humana se corrompió a tal punto que todas nuestras facultades —la mente, el cuerpo, el corazón y el alma— están manchadas por el pecado (Ro 3:9-18). Ningún pecador puede ofrecer la clase de obediencia que Dios requiere en el pacto de obras, así que la salvación debe venir de otro modo: por la gracia sola.

PARA ESTUDIO ADICIONAL

Oseas 6:7;
Romanos 5:12-21;
1 Corintios 15:47-49;
1 Timoteo 2:8-15

APLICACIÓN

Debido al pecado de Adán, nacemos corruptos y no podemos agradar a Dios al margen de la gracia. Dependemos por completo del favor inmerecido del Señor para ser salvos y realizar todas las buenas obras que hacemos en gratitud por la salvación. Recordemos que dependemos de la gracia de Dios para que seamos movidos a una mayor humildad y gratitud.

DÍA 38

INTERVENCIÓN PACTUAL

GÉNESIS 3:15 «PONDRÉ ENEMISTAD ENTRE TÚ Y LA MUJER, Y ENTRE TU SIMIENTE Y SU SIMIENTE; ÉL TE HERIRÁ EN LA CABEZA, Y TÚ LO HERIRÁS EN EL TALÓN».

III

DÍAS 37 Y 38

C uando Adán y Eva quebrantaron el pacto de obras, la creación sufrió un cataclismo. El dolor y la futilidad entraron al orden creado, así que ahora los hombres y las mujeres enfrentan grandes dolores y dificultades mientras buscan cumplir los mandatos dados en la creación, de trabajar y criar hijos (Gn 3:16-19). Además, la naturaleza humana se corrompió de forma radical. Desde la juventud, nuestra inclinación no es hacia la comunión con el Señor como antes de la caída, sino a alejarnos de Él en desobediencia (8:21).

La entrada del pecado significa que sin la intervención de Dios no podemos obedecer a nuestro Creador como Él lo ordenó. También significa que sin la acción del Señor ni siquiera querremos obedecer a nuestro Creador. Afortunadamente, Dios sí intervino para que la muerte que le prometió a Adán si comía del fruto prohibido no fuera eterna para las personas a las que Él ama (ver 2:15-17). Además, intervino de forma pactual, como vemos en el pasaje de hoy.

Génesis 3:15 nos presenta lo que tradicionalmente se ha conocido como el *protoevangelio*, el «primer evangelio». Es la primera revelación del pacto de gracia. Bajo el pacto de obras, se había instituido un principio de obras en el que la bendición del pacto venía por los esfuerzos del ser humano: si obedecíamos perfectamente a Dios, podíamos ganar la vida eterna. Sin embargo, bajo el pacto de gracia, las bendiciones se obtienen por un principio de gracia que dice que alguien más hereda las bendiciones de la vida eterna y nosotros participamos de estas, pero no por nuestras buenas obras sino a través de la fe sola. La gracia de Dios hacia Su pueblo bajo el pacto de gracia produce obediencia en ellos, pero nuestra obediencia no nos hace merecedores de la vida eterna (ver Ro 4; Stg 2:14-26).

El pecado y Satanás conspiran contra los seres humanos para mantenernos esclavizados a la impiedad y sin una relación correcta con el Señor. Por eso, la primera revelación del pacto de gracia promete la derrota final de nuestros enemigos. En Génesis 3:15, Dios en Su gracia ordena una guerra entre la simiente de la mujer y la simiente de Satanás. La palabra «simiente» es un sustantivo colectivo singular, es decir, puede referirse a varias personas o a un solo individuo. En última instancia, Cristo es la simiente de la mujer, y vemos gracia en el hecho de que Él es el que hace la labor necesaria para derrotar al diablo, no nosotros. Él hiere la cabeza de la serpiente dándole el golpe fatal en la guerra. En Cristo, nos transformamos en la simiente de la mujer, que participa de Su victoria. Dios aplasta a Satanás bajo nuestros pies porque Cristo lo derrotó en la cruz (Ro 16:20a).

APLICACIÓN

Dios pudo haber abandonado a todas las personas cuando Adán cayó, dejándonos totalmente bajo el dominio del diablo sin ningún deseo de resistirlo. Sin embargo, el Señor intervino en Su gracia para darle a Su pueblo la voluntad de resistir a Satanás y, aún mejor, prometió enviar al Salvador para que hiciera todo el trabajo necesario para salvarnos. Debemos agradecer a Dios por nuestra salvación hoy y orar para que nos fortalezca ante el mundo, la carne y el diablo.

PARA ESTUDIO ADICIONAL

Zacarías 3:1-5; Hebreos 2:14; 1 Juan 3:8b; Apocalipsis 12

DÍA 39

EL PACTO DE LA PRESERVACIÓN

GÉNESIS 8:20-22 «EL SEÑOR PERCIBIÓ EL AROMA AGRADABLE, Y DIJO EL SEÑOR PARA SÍ: "NUNCA MÁS VOLVERÉ A MALDECIR LA TIERRA POR CAUSA DEL HOMBRE, PORQUE LA INTENCIÓN DEL CORAZÓN DEL HOMBRE ES MALA DESDE SU JUVENTUD. NUNCA MÁS VOLVERÉ A DESTRUIR TODO SER VIVIENTE COMO LO HE HECHO. MIENTRAS LA TIERRA PERMANEZCA, LA SIEMBRA Y LA SIEGA, EL FRÍO Y EL CALOR, EL VERANO Y EL INVIERNO, EL DÍA Y LA NOCHE, NUNCA CESARÁN"» (VV. 21-22).

L a gracia salvadora de Dios se reveló por primera vez en la historia después de que Adán y Eva quebrantaron el pacto de obras. El Señor dio una promesa registrada en Génesis 3:15: que la simiente o descendencia de la mujer iba a derrotar al diablo. A lo largo de la historia cristiana, los teólogos y pastores han visto esta promesa como una predicción de Cristo, quien vencería a Satanás y pagaría el precio de reconciliar a los pecadores con nuestro Creador. Los líderes de la Reforma estaban de

III

DÍAS 38 Y 39

acuerdo con esa afirmación. Por ejemplo, Martín Lutero comentó que Génesis 3:15 nos dice que el Hijo de Dios «herirá a Satanás por completo».

Génesis 3:15 es la primera revelación del pacto de gracia, y desde ese momento de la historia hasta su consumación, el pacto de gracia y el pacto de obras han continuado en paralelo. Dios sigue exigiendo que la gente guarde el pacto de obras, lo que vemos en el hecho de que repite muchos de los mismos mandamientos que le dio a Adán antes de la caída, reiterándolos ante las generaciones posteriores que han vivido después de la caída (cp. Gn 1:28; 9:7). Sin embargo, ahora, después de la caída, no podemos guardar la ley de Dios. Nacemos culpables y moralmente incapaces de obedecer al Señor con la perfección que Él exige. Lo que de verdad hace el pacto de gracia es proporcionar una manera para que alguien más —Cristo, nuestro Señor— guarde el pacto de obras en nuestro lugar y nos dé una justicia ante Dios que nos lleve a la vida eterna (Ro 5:12-21; 2 Co 5:21).

Es un pacto de gracia porque no hacemos lo necesario para merecer la redención y porque la justicia de Cristo es dada gratuitamente a todos los que creen solo en Él para salvación (Ef 2:8-10). Sin embargo, el pacto de gracia no fue revelado en su plenitud cuando Dios maldijo a Satanás (Gn 3:15). En cambio, con el paso del tiempo, Dios fue desarrollando la promesa de derrotar al diablo. Estableció varios pactos sucesivos, todos los cuales son parte del pacto de gracia, y cada uno de ellos despliega la redención con más claridad. El primero es Su pacto con Noé después del diluvio.

El pacto de Dios con Noé nos ayuda a entender que nuestra salvación ocurre en la historia humana y a través de la historia humana. A fin de cuentas, Dios le prometió a Noé que jamás volvería a destruir la tierra mediante un diluvio. Él iba a preservar un orden estable en el que, a la larga, enviaría a Cristo para nuestra salvación (8:20-22). Además, el pacto con Noé subraya que la redención no viene por los esfuerzos del pecador, ni siquiera por los del más justo. El justo Noé manifestó su pecado inmediatamente después del diluvio, lo que indica que es necesario que otra persona nos salve (9:20-21).

PARA ESTUDIO ADICIONAL

Génesis 1:14-19; Salmo 104:19; Jeremías 33:20; Hechos 14:17

¿Qué tan seguido pensamos en el buen don de tener un orden natural estable y predecible? El ritmo consistente de las estaciones, el sol y la luna, e incluso del tiempo, nos permite hacer planes, cultivar la tierra y realizar muchas otras actividades. Debemos agradecer a Dios por el orden natural que Él ha establecido y también usar la estabilidad que nos ofrece para Su gloria.

EL PACTO DE FE Y JUSTICIA

GÉNESIS 15 «Y *ABRAM* CREYÓ EN EL SEÑOR, Y ÉL SE LO RECONOCIÓ POR JUSTICIA» (V. 6).

C ada pacto, que es subconjunto del pacto de gracia, nos revela aspectos claves del plan de salvación de Dios, que no nos redime por nuestro mérito sino por Su don gratuito. En Noé vemos que el mundo al que el Señor más adelante envió al Salvador, solo continúa por la preservación de la gracia. Es solo por gracia que el orden natural persiste, pues «la intención del corazón del hombre es mala desde su juventud» (Gn 8:21) y Dios debe ser paciente y postergar Su juicio final si el mundo va a continuar y Sus elegidos van a ser salvos. En Moisés, recibimos la ley para que nos muestre nuestro fracaso y nos lleve a la gracia de Dios, y vemos que la obediencia es posterior a la redención y que es un medio por el cual le mostramos gratitud al Señor, no un medio para que merezcamos la redención. En David, vemos que la redención finalmente le devuelve al pueblo de Dios su reinado sobre la tierra y que es adquirida por el Rey de reyes, quien carga la maldición que merecíamos.

En Abraham, recibimos la revelación más clara de los medios por los que nos apropiamos de las bendiciones de la gracia. El pasaje de hoy nos muestra la ratificación formal del pacto de Dios con Abraham. Cuando el patriarca escuchó que el Señor le daría un hijo con Sara, aunque eso era imposible por la avanzada edad que tenía, él creyó la promesa de Dios. Entonces leemos que, como

III

DÍAS 39 Y 40

Abraham le creyó al Señor, Dios lo consideró justo (Gn 15:1-6). El apóstol Pablo usa este episodio para mostrarnos que nuestra justificación —ser declarados justos y herederos de la vida eterna ante Dios— viene por la imputación de la justicia de Cristo, que recibimos solo por la fe (Ro 4). Nuestra fe no es meritoria; solo recibe por gracia la provisión de la justicia perfecta de Cristo, que nos es imputada o que es puesta en nuestro registro cuando confiamos solo en Jesús para salvación. Juan Calvino escribe: «La única razón por la que la fe nos justifica es porque nos reconcilia con Dios, y eso no por su propio mérito, sino porque recibimos la gracia que nos es ofrecida en las promesas y no tenemos dudas respecto a la vida eterna, pues estamos totalmente persuadidos de que Dios nos ama como a hijos».

Además de revelar el esquema de fe y justicia de la justificación, el pacto con Abraham nos muestra que las promesas de Dios para Su pueblo no pueden fallar. Al pasar entre los trozos de los animales como «un horno humeante y una antorcha de fuego», el Señor nos dice que si Él violara el pacto, Él sería muerto como los animales (Gn 15:7-20). Pero como Dios no puede cambiar, jamás estará sujeto a ese destino. Y si Él nunca estará sujeto a la destrucción, la promesa debe cumplirse.

PARA
ESTUDIO
ADICIONAL
———
2 Cróni-
cas 20:20;
Habacuc
2:4; Lucas
18:9-14;
Gálatas 3

APLICACIÓN

¿Cuál debe ser nuestra respuesta ante el pacto abrahámico? Renunciar a todo el mérito que podamos creer tener y descansar solo en Cristo para salvación. Debemos volver continuamente a Jesús en fe, arrepintiéndonos de nuestro pecado y admitiendo que no tenemos méritos propios. Debemos confiar en Cristo hoy y exhortar a los demás para que también lo hagan.

DÍA 41

EL PACTO DE LA LEY

DEUTERONOMIO 5:6 «YO SOY EL SEÑOR TU DIOS, QUE TE SAQUÉ DE LA TIERRA DE EGIPTO, DE LA CASA DE SERVIDUMBRE».

I ncluso el pacto que Dios estableció con Israel por medio de Moisés forma parte del pacto de gracia, el pacto general entre el Señor y Su pueblo que fue anunciado por primera vez en Génesis 3:15, donde Él prometió derrotar al pecado y a Satanás para redimirnos de esos enemigos. Sin embargo, a primera vista puede resultar sorprendente que el pacto mosaico forme parte del pacto de gracia. A fin de cuentas, el Nuevo Testamento suele contrastar la gracia con la ley, y la ley mosaica es una de las características distintivas del pacto de Dios con la nación de Israel por medio de Moisés (Ro 6:14; Gá 5:4). De hecho, la ley es tan prominente en el pacto mosaico que no sería incorrecto llamarlo el pacto de la ley.

Sin embargo, cuando consideramos la promulgación y el cometido de la ley, queda claro que el pacto mosaico en realidad es parte esencial del pacto de gracia. Para empezar, consideremos el pasaje de hoy, que aparece justo antes de los Diez Mandamientos, que están al centro de la ley mosaica. En Deuteronomio 5:6, Dios le recuerda al pueblo de Israel que Él los sacó de la tierra de Egipto y de casa de servidumbre. Eso ocurrió antes de que les revelara la ley de Su pacto. Por lo tanto, aquí tenemos un patrón importante que define la relación de Dios con Su pueblo incluso bajo el nuevo pacto: la salvación precede a la obediencia. En otras palabras, Dios no nos da la ley para luego decirnos que nuestra obediencia nos salvará. En cambio, primero nos salva y luego nos da la ley como un medio por el cual podemos mostrar nuestra gratitud por la redención. Observa además que la redención de Israel fue obra exclusiva del Señor, lo que concuerda plenamente con el pacto de gracia. Solo Dios envió las plagas y realizó los milagros que convencieron al faraón de dejar ir a los israelitas, y solo Dios intervino en el mar Rojo para destruir al ejército egipcio (Éx 4:1 – 15:21).

El cometido de la ley también nos muestra que el pacto mosaico forma parte del pacto de gracia. Aquí tenemos en mente principalmente el segundo uso de la ley, es decir, el que revela nuestro pecado y nos lleva a Cristo. Aunque Dios nunca quiso que los pecadores se salvaran a sí mismos cumpliendo la ley, la ley sí promete que los que la guarden a la perfección gozarán de vida

PARA
ESTUDIO
ADICIONAL

Éxodo 24;
Deute-
ronomio
31:16-18;
Romanos
10:5; Gála-
tas 3:15-29

eterna (Lv 18:5; ver Gá 3:12; 5:3). Sin embargo, no es necesario que pase mucho tiempo para que los pecadores honestos noten que están muy lejos de alcanzar el estándar perfecto de Dios. Al tratar de guardar la ley, vemos lo inadecuada que es nuestra obediencia. Eso nos lleva a buscar que otra persona guarde la ley en nuestro lugar, es decir, Jesucristo, quien es «el fin de la ley para justicia a todo aquel que cree» (Ro 10:4).

APLICACIÓN

Aun después de confiar en Cristo, la ley sigue mostrándonos que lo necesitamos. Si meditamos en los mandamientos de Dios, veremos muy pronto que no hemos guardado ninguno con todo el corazón, toda la mente, toda el alma y todas las fuerzas. Eso nos lleva a caer de rodillas arrepentidos ante Dios. Medita en los Diez Mandamientos y considera cómo has dejado de cumplirlos. Entonces, acude ante el Señor en arrepentimiento.

DÍA 42

EL PACTO REAL

2 SAMUEL 7:1-17 «… PERO MI MISERICORDIA NO SE APARTARÁ DE ÉL, COMO *LA* APARTÉ DE SAÚL A QUIEN QUITÉ DE DELANTE DE TI. TU CASA Y TU REINO PERMANECERÁN PARA SIEMPRE DELANTE DE MÍ; TU TRONO SERÁ ESTABLECIDO PARA SIEMPRE» (VV. 15-16).

El pacto de gracia de Dios, la solución a nuestra violación de Su pacto de obras con Adán, se revela de forma progresiva en la Escritura mediante varios subpactos que desvelan distintos aspectos del trato clemente de Dios hacia Su pueblo. El último subpacto antes de la consumación del pacto de gracia en el nuevo pacto es el davídico, que se describe por primera vez en 2 Samuel 7:1-17.

La gracia divina se revela en el pacto de Dios con David, en que establece y conserva el linaje real davídico. Para empezar, 2 Samuel 7:8 alude al hecho de que nuestro Creador escogió a David para que fuera rey, tomándolo cuando era un simple pastor para convertirlo en el gobernante de Israel. Allí se hace referencia a la historia relatada en 1 Samuel 16:1-13, donde leemos que Samuel ungió a David para que sucediera a Saúl como rey de Israel. En esa historia, vemos la gracia de Dios en acción, pues David no fue elegido por tener cualidades externas dignas de un rey ni por ser perito en materias políticas, sino porque tenía un corazón dedicado al Señor (v. 7). Desde luego, a fin de cuentas, el hecho de que David haya tenido un corazón que amara a Dios era obra del Señor. Al igual que todos los demás pecadores, David nació con un corazón engañoso y tuvo un corazón que deseaba servir al Creador solo porque Dios le había dado un nuevo corazón para que lo amara (Jr 17:9; Ez 36:25-27).

También vemos la gracia divina en operación dentro del pacto real de Dios con David cuando el Señor promete mantener el trono davídico. Dios no siguió amando a Saúl de un modo que mantuviera a su familia en el trono de Israel, pero sí prometió en el pacto davídico que no quitaría jamás Su amor del linaje de David (2 S 7:15-16). Ese es un acto de gracia, pues ningún descendiente ordinario de David podía merecer seguir en el reinado. A fin de cuentas, cuando el Señor hizo el pacto real con David, le dijo que disciplinaría a sus hijos por sus pecados (v. 14). El linaje de David iba a sufrir las consecuencias de sus faltas, pero Dios preservaría a la familia de David en el trono a pesar de todo.

En el antiguo Israel, el rey representaba a su pueblo de un modo especial ante Dios. Cuando el rey era obediente, Israel era bendecido, pero cuando era desobediente, la nación sufría (Is 36-39). Finalmente, eso allanó el camino para que un Hijo inigualable de David cargara las consecuencias de los pecados de Su pueblo, de modo que ellos gozaran de las bendiciones asociadas a Su obediencia perfecta. Ese Hijo final de David también es el Hijo de Dios: Jesucristo, quien expió los pecados de Su pueblo para que ellos fueran hechos justicia de Dios en Él (2 Co 5:21).

APLICACIÓN

Además de volver a Su pueblo justo ante Dios, Jesús, el Hijo de David e Hijo de Dios, le devuelve a la humanidad el gobierno de

PARA ESTUDIO ADICIONAL

1 Crónicas 17; Salmo 89; Lucas 1:26-38; Apocalipsis 22:16

III

DÍAS 41 Y 42

la creación que nos fue dado al principio (Gn 1:26-28). Los que estamos en Cristo por la fe reinaremos con Él sobre todo el universo (2 Ti 2:12). Sin importar cuál sea nuestra vocación actual, quienes estamos en Cristo tenemos un destino glorioso: seremos Sus cogobernantes sobre la creación. Alabémoslo por mostrarnos esa gracia tan inmensa.

EL PACTO DE GRACIA CUMPLIDO

JEREMÍAS 31:31-34 «"PORQUE ESTE ES EL PACTO QUE HARÉ CON LA CASA DE ISRAEL DESPUÉS DE AQUELLOS DÍAS", DECLARA EL SEÑOR. "PONDRÉ MI LEY DENTRO DE ELLOS, Y SOBRE SUS CORAZONES LA ESCRIBIRÉ. ENTONCES YO SERÉ SU DIOS Y ELLOS SERÁN MI PUEBLO"» (V. 33).

E n nuestra meditación sobre el pacto mosaico como parte del pacto de gracia general, tuvimos el cuidado de notar que una de las razones por las que Dios dio la ley de Moisés fue para mostrarle a Su pueblo que necesitaban gracia, sin dejar lugar a dudas. Si ni siquiera las personas a quienes Dios en Su gracia redimió de Egipto pudieron guardar la ley de Dios a la perfección, ¿qué esperanza hay de que el resto de la humanidad rinda la obediencia perfecta que Dios exige para que seamos justos ante Él? Al aferrarse a la ley y usarla para aumentar sus pecados, a los caídos se les muestra su necesidad absoluta de que el Señor intervenga en Su gracia para arreglar las cosas (Ro 7:7-25; Gá 3:15-29). En sí mismos, los pecadores no pueden ser la simiente de la mujer que el Señor dijo que destruiría al pecado y Satanás (Gn 3:15); su única esperanza es que una Simiente singular cumpla el pacto de gracia. Unidos a Él, pueden participar de Su victoria.

Cristo es el cumplimiento del pacto de gracia. Él sostiene el universo con la palabra de Su poder, cumpliendo así la promesa que Dios le hizo a Noé de que mantendría el mundo como el escenario de la salvación (Gn 8:22; He 1:3). Él toma la maldición de nuestra violación del pacto con el Señor, cumpliendo así la promesa que Dios le hizo a Abraham de que Él se encargaría de las consecuencias de nuestro pecado (Gn 15; Mr 10:45). Él obedece la ley de Dios a la perfección en nuestro lugar, haciendo así lo que Adán debió haber hecho, para que seamos considerados justos en Él, hombres y mujeres que han cumplido la voluntad de Dios donde tanto Adán como Israel como nación fallaron (Gn 3; Lv 18:5; Mt 4:1-11; Ro 5:12-21). Él es el rey davídico para el que Dios edifica una casa eterna: la iglesia triunfante, que hereda la vida eterna (2 S 7:11; 1 P 2:4-5).

El pasaje de hoy, uno de los más importantes sobre el nuevo pacto en Cristo, que cumple el pacto de gracia, nos muestra cómo es la vida bajo el pacto cumplido. Aquí vemos con claridad que el objetivo final de la gracia no es anular la ley de Dios en todos los modos posibles. La gracia salvadora de Dios contrasta con la ley en cuanto a la justificación: somos declarados justos por gracia mediante la imputación de la justicia de Cristo por la fe. Sin embargo, la gracia no contrasta con la ley en nuestra santificación, pues, por gracia, Dios escribe Su ley en nuestro corazón y nos da la voluntad de obedecerle para mostrarle nuestra gratitud por Su gran salvación, no para merecer la vida eterna (Jr 31:33). Juan Calvino comenta: «El evangelio conlleva la gracia de la regeneración: su doctrina... penetra en el corazón y reforma todas las facultades internas a fin de que le rindamos obediencia a la justicia de Dios».

PARA ESTUDIO ADICIONAL

Deuteronomio 30:6; Ezequiel 11:14-20; Romanos 6:14; Tito 2:11-14

APLICACIÓN

El proceso en que Dios escribe Su ley en nuestro corazón comienza en esta vida, pero no se completa hasta la glorificación. Los cristianos crecen a paso lento pero seguro en su disposición a obedecer y arrepentirse incluso por los pecados más pequeños y, cuando Cristo vuelva, el pacto de gracia se consumará en los cielos nuevos y la tierra nueva, en los cuales mora la justicia (2 P 3:13). Hasta entonces, buscamos la santidad esperando ese gran día venidero.

III

DÍAS 42 Y 43

LA GRACIA DE LA PREDESTINACIÓN

EFESIOS 1:3-4A «BENDITO *SEA* EL DIOS Y PADRE DE NUES-
TRO SEÑOR JESUCRISTO, QUE NOS HA BENDECIDO CON TODA
BENDICIÓN ESPIRITUAL EN LOS *LUGARES* CELESTIALES EN
CRISTO. PORQUE DIOS NOS ESCOGIÓ EN CRISTO ANTES DE
LA FUNDACIÓN DEL MUNDO, PARA QUE FUÉRAMOS SANTOS Y
SIN MANCHA DELANTE DE ÉL».

La gracia sola —la doctrina de que solo somos salvos por Dios y no por nada que hagamos— fue uno de los principios rectores de la Reforma. En contraste con los teólogos medievales, que enseñaban que la gracia de Dios era necesaria pero insuficiente para la salvación, los reformadores recalcaron el énfasis bíblico en la necesidad y suficiencia de la gracia para la salvación. Muchos teólogos medievales enseñaron que debemos contribuir con nuestro propio mérito para alcanzar la salvación final, pero los teólogos reformados subrayaron que ni siquiera podemos añadir a la gracia nuestra obediencia impulsada por la gracia como una base meritoria para la vida eterna. De principio a fin, la salvación es obra exclusiva de la gracia de Dios.

Ahora que hemos meditado en el desarrollo de este principio en la historia a través de nuestro estudio del pacto de gracia de Dios, es momento de que veamos el despliegue de la salvación por la gracia sola en el modo en que somos redimidos a nivel individual. En primer lugar, el pasaje de hoy nos muestra que la gracia salvadora del Señor comienza a operar para nuestra salvación mucho antes de que nazcamos. Efesios 1:3-4a nos dice que incluso «antes de la fundación del mundo», Dios escogió a los que iba a salvar de sus propios pecados y de Su ira. En la eternidad pasada, el Señor enumeró a Su pueblo y decidió no fijar Su amor salvador sobre todos los seres humanos, sino solo sobre Sus elegidos.

Algunos han enseñado que esta elección estaba basada en el hecho de que Dios vio nuestra obediencia de antemano o en que Él sabía quiénes iban a responder a la oferta de salvación en Cristo.

La Escritura niega estas ideas de forma enérgica. Pablo nos dice que somos escogidos «en Él», es decir, en Cristo (v. 4a). No fuimos escogidos debido a lo que hemos hecho, sino debido a lo que Cristo hizo. No fuimos escogidos al margen de Cristo y de Su obra salvadora para Su pueblo, sino en Él, como receptores de los beneficios de Su obra. Además, Pablo explica que no fuimos escogidos porque Dios sabía que íbamos a ser santos y sin mancha, sino para que fuéramos santos y sin mancha. Nuestra fe y nuestro crecimiento en Cristo son el resultado, no la base, de nuestra elección para salvación.

A fin de que no ignoremos que fuimos escogidos para la redención por la gracia sola, y no por nada que hayamos hecho ni por nuestra historia familiar, Pablo usa a Jacob y Esaú como paradigmas de la gracia electora de Dios en Romanos 9:6-13. Jacob fue escogido para salvación mucho antes de que pudiera hacer algo bueno o malo. Esaú, quien venía de la misma familia, fue pasado por alto antes de que pudiera hacer algo bueno o malo. Ninguna de nuestras acciones, ni siquiera la buena decisión de creer en Jesús, movió al Señor a escogernos para salvación.

PARA ESTUDIO ADICIONAL

Génesis 25:19-28; Isaías 65:9; Mateo 22:14; Efesios 1:11-12

APLICACIÓN

Para muchas personas es difícil aceptar que no hay nada en nosotros que haya movido a Dios a escogernos para salvación. Sin embargo, la Escritura enseña con claridad que Dios nos escogió por Su puro beneplácito. No podemos adjudicarnos de ningún modo el mérito de nuestra salvación. Creemos solamente porque Dios nos escogió primero. Esto debe llevarnos a tener más humildad y a no albergar jamás un concepto más alto de nosotros mismos que el que debemos tener.

DÍA 45

LA GRACIA Y LA REPROBACIÓN

ROMANOS 9:14-24 «¿Y QUÉ, SI DIOS, AUNQUE DISPUESTO A DEMOSTRAR SU IRA Y HACER NOTORIO SU PODER, SOPORTÓ CON MUCHA PACIENCIA A LOS VASOS DE IRA PREPARADOS

III

DÍAS 44 Y 45

PARA DESTRUCCIÓN? *LO HIZO* PARA DAR A CONOCER LAS
RIQUEZAS DE SU GLORIA SOBRE LOS VASOS DE MISERI-
CORDIA, QUE DE ANTEMANO ÉL PREPARÓ PARA GLORIA,
ES DECIR, NOSOTROS, A QUIENES TAMBIÉN LLAMÓ, NO SOLO
DE ENTRE LOS JUDÍOS, SINO TAMBIÉN DE ENTRE LOS GEN-
TILES» (VV. 22-24).

L a gracia salvadora, el favor inmerecido de Dios hacia quienes ha escogido para salvación, no puede ser entendida
correctamente si no sabemos qué merecemos. Por eso,
cuando el apóstol Pablo explica la pura bondad de la gracia y
la misericordia del Señor, la contrasta con lo que en realidad
merecemos recibir de Su mano. Romanos 9:14-24 es el pasaje
clave aquí, pues en este el apóstol considera a la humanidad
como un todo en la predestinación que Dios hace de algunas
personas para redención.

Pablo enfatiza que las personas que el Señor escoge salvar y las
que no escoge salvar vienen de la misma masa de arcilla (vv. 21-24).
Es necesario destacar aquí que Dios, el alfarero, al escoger a quién
salvar, solo tiene una humanidad para escoger y esta humanidad
es una humanidad caída. Ningún ser humano ordinario tiene
derecho a la vida eterna, pues todas las personas (a excepción de
Cristo) son pecadoras en Adán (5:12-21). Si Dios trata con una
sola masa humana y esa masa no es neutral (pues es imposible
ser neutral respecto a Dios; ver Mt 12:30), entonces esa masa necesariamente debe ser justa o caída. Si la masa fuera justa, la gracia
no sería necesaria. No, la masa en cuestión debe ser caída, pues
solo en ese contexto es necesaria la gracia.

Como, al margen de la intervención de Dios, solo merecemos la
muerte eterna, no podemos reclamar si el Señor solo les muestra
gracia y misericordia a algunos. Por definición, la gracia y la misericordia son inmerecidas, así que si el Señor decide no otorgarlas a
alguien, no está privando a esa persona de algo que se haya ganado.
Dios escoge a algunos para salvarlos y decide pasar por alto —no
elegir para vida eterna— a otros a fin de revelarse como Salvador
y Juez (Ro 9:14-21). La gracia exhibida en la predestinación para
salvación tiene su contraparte en la reprobación, que es cuando

Dios deja a algunos en sus pecados y en las consecuencias justas de estos pecados.

Ya que la elección para salvación es por gracia, no está basada en nada que haya en nosotros. Es incondicional. Eso quiere decir que el propósito por el que Dios escogió salvar a Gonzalo y no a Germán no tiene que ver con que Gonzalo sea más justo o más inteligente, ni con ninguna otra razón fuera de que Él decidió amar a Gonzalo para Su propia gloria. Sin embargo, es importante notar que la reprobación también es incondicional. Si bien es cierto que los réprobos merecen el castigo, Dios no pasa por alto a Germán y escoge a Gonzalo porque Germán sea peor que Gonzalo. De hecho, muchas de las personas que terminan en el cielo han cometido pecados peores que muchos de los que van al infierno. Eso se debe a que la elección de Dios no está basada en la magnitud de nuestro pecado ni en nuestra justicia personal. Solo está basada en Su decisión libre de perdonar a quienes Él quiere perdonar.

PARA ESTUDIO ADICIONAL

Malaquías 1:1-5; Mateo 11:25-27; Juan 10:22-30; 1 Pedro 2:8b

APLICACIÓN

Los elegidos reciben lo que no merecen: la salvación; los réprobos reciben lo que merecen: la condenación. La doctrina de la elección no debe llevarnos al orgullo ni a pensar que somos inherentemente más santos que los demás. Debe recordarnos constantemente que estábamos entre los peores pecadores y que solo estamos en Cristo porque Dios decide amar a pecadores indignos. Quiera el Señor que la doctrina de la elección nos vuelva más conscientes de nuestro pecado y de la gracia del Salvador.

DÍA 46

LA GRACIA DE LA REGENERACIÓN

III

EFESIOS 2:1-9 «DIOS, QUE ES RICO EN MISERICORDIA, POR CAUSA DEL GRAN AMOR CON QUE NOS AMÓ, AUN CUANDO ESTÁBAMOS MUERTOS EN *NUESTROS* DELITOS, NOS DIO VIDA JUNTAMENTE CON CRISTO (POR GRACIA USTEDES HAN SIDO SALVADOS)» (VV. 4-5).

DÍAS 45 Y 46

C omentando el pasaje de hoy, Juan Calvino señala que «todo lo que está ligado a nuestra salvación debe ser adscrito a Dios como su autor». Esta afirmación es bastante radical a la luz de las creencias comunes sobre la salvación que encontramos en la comunidad cristiana. La mayoría de los que profesan ser cristianos se complacen en atribuir su salvación a la gracia divina. Pocos dirían que merecen el cielo. Sin embargo, cuando preguntamos sobre las razones por las que la gente elige la fe en Cristo, muchos creyentes se muestran reacios a decir que Dios escoge a algunos para salvación o que Él es el autor de su decisión de creer. Gracias a una visión particular del libre albedrío que afirma que debemos tener la misma capacidad de elegir el bien y el mal en todo momento, muchos cristianos terminan negando —quizás sin pretenderlo— la gracia soberana y eficaz de Dios.

Calvino basa en la Biblia su postura de que todas las partes de la salvación tienen a Dios por autor. Eso incluye aun nuestra decisión de creer. Creemos solo porque el Señor nos dispone a creer. Al margen de la gracia, somos totalmente reacios a creer. Nuestros corazones están muertos en el pecado, y los corazones muertos —al igual que los cadáveres— no pueden moverse por voluntad propia (Ef 2:1-3). No debemos estirar demasiado el significado de la metáfora; Pablo no está diciendo que los seres humanos somos incapaces de tomar decisiones sin la gracia de Dios. A fin de cuentas, los pecadores que no han sido redimidos toman decisiones todos los días. Lo que el apóstol quiere decir es que, a menos que la gracia de Dios resucite nuestro corazón muerto, no podemos tomar decisiones agradables al Señor. «Los que están en la carne no pueden agradar a Dios» (Ro 8:8), y estar muertos en delitos y pecados significa que estamos en la carne o somos controlados por la carne.

Si estamos muertos para las cosas de Dios, si somos incapaces de escoger lo que es agradable al Señor (y está claro que a Él le agrada la decisión de arrepentirnos y creer solo en Cristo para salvación), es necesario que nuestro Creador intervenga de forma drástica para que seamos redimidos. Él cambia nuestro corazón sin que nosotros se lo pidamos, y así nos dispone a creer. En el lenguaje teológico, esta obra es conocida como la regeneración hecha por Dios y se describe en Efesios 2:4-7. Aun cuando estábamos muertos en nuestros delitos, el Señor nos trajo a una nueva vida espiritual y, en consecuencia, creímos. La fe no precede a la regeneración. No es que creemos primero y luego nuestros corazones son transformados; más bien, creemos después de que Dios cambia nuestro corazón. La regeneración precede a la fe, que es un don, parte de lo que no es de nosotros (vv. 8-10). Tras recibir un corazón nuevo, no podemos evitar creer.

PARA ESTUDIO ADICIONAL

Ezequiel 36:22-38; Juan 3:1-8; Santiago 1:18

APLICACIÓN

La gracia salvadora de Dios no es débil, sino poderosa y eficaz para salvar. Puede dar vida a almas muertas y, como la vida que Dios da es mucho más poderosa que la muerte, ninguna persona que reciba la gracia salvadora dejará de ser regenerada. Si Dios quiere salvar a alguien, esa persona será salva. Ninguna resistencia contra la gracia divina podrá perdurar. Por lo tanto, debemos orar para que Dios cambie los corazones, pues sabemos que la salvación es una obra poderosa que es solo Suya.

DÍA 47

LA GRACIA DE LA JUSTIFICACIÓN

TITO 3:4-7 «… PARA QUE JUSTIFICADOS POR SU GRACIA FUÉRAMOS HECHOS HEREDEROS SEGÚN *LA* ESPERANZA DE LA VIDA ETERNA» (V. 7).

De principio a fin, Dios salva a Su pueblo por sola gracia. En la elección divina, Él escoge redimir hombres y mujeres en Cristo sin basarse en nada que haya en ellos, sino solo por Su decisión de fijar Su amor en ellos por gracia (Ro 9:1-29; Ef 1:3-6). Además, en la regeneración, Dios actúa sola y totalmente por Su gracia. Toma corazones muertos en pecado y los vivifica para Él, dándoles los dones de la fe y el arrepentimiento (Ef 2:1-9). Mediante la lectura y especialmente la predicación de Su Palabra, Dios nos hace nacer otra vez de simiente incorruptible por Su Espíritu Santo (1 P 1:22-25). Su gracia salvadora termina

III

___

DÍAS 46 Y 47

venciendo la resistencia de todos los que Él ha decidido redimir, quienes reciben una nueva vida espiritual que no pueden perder.

El pasaje de hoy nos explica que, como es el Señor quien aplica a Su pueblo la salvación adquirida por Cristo, nuestra justificación —ser declarados justos y perdonados del pecado— también es una obra de gracia (v. 7). Es imposible enfatizar demasiado este punto, pues la justificación por la gracia sola mediante la fe sola, al margen de nuestras obras, es central para el evangelio. Esta es la doctrina que proclamaron los reformadores protestantes para combatir el sistema medieval de salvación, que afirmaba que la gracia es necesaria para la justificación, pero también que nuestra justificación final requiere nuestras buenas obras.

Cuando estudiamos pasajes como Tito 3:4-7, es fácil entender por qué los reformadores insistieron tanto en la gracia de la justificación. Como dice el versículo 5, Dios «nos salvó, no por las obras de justicia que nosotros hubiéramos hecho». En este versículo, Pablo menciona la antítesis de la justificación por la gracia sola. Si la justificación es por gracia, no puede involucrar ninguna obra de obediencia nuestra, sin importar cuán agradable sea para el Señor. Ver nuestras obras de justicia como la raíz de la justificación y no como su fruto es sacar la gracia de la ecuación. Toda nuestra justicia delante de Dios es un regalo. La justicia de Cristo es una justicia perfecta (2 Co 5:21), así que ni siquiera podemos añadir a esta nuestras mejores obras. De hecho, tratar de añadir obras a la justicia de Cristo es sustraer de Su justicia. Es decir que, al fin y al cabo, lo que nuestro salvador perfecto hizo no es perfecto.

Nuestro nuevo corazón es un regalo. Nuestra fe es un regalo. Y nuestra justicia ante Dios también es un regalo. Es por la gracia sola que podemos estar de pie sin miedo ante Dios.

PARA
ESTUDIO
ADICIONAL

Isaías
53:11;
Lucas
18:9-14;
Romanos
3:21-26;
Gálatas
5:4

APLICACIÓN

Es crítico que sepamos que nuestras buenas obras no nos justifican ni pueden justificarnos. Aquí está en juego el mismísimo honor de Cristo. Si sugerimos que nuestras obras son necesarias para la justificación, estamos diciendo que lo que Cristo nos da es insuficiente, y eso denigra Su obra. Cuando afirmamos que la justificación es por la gracia sola, estamos honrando al Señor Jesucristo.

LA GRACIA DE LA SANTIFICACIÓN

FILIPENSES 2:12-13 «ASÍ QUE, AMADOS MÍOS, TAL COMO SIEMPRE HAN OBEDECIDO, NO SOLO EN MI PRESENCIA, SINO AHORA MUCHO MÁS EN MI AUSENCIA, OCÚPENSE EN SU SAL-VACIÓN CON TEMOR Y TEMBLOR. PORQUE DIOS ES QUIEN OBRA EN USTEDES TANTO EL QUERER COMO EL HACER, PARA *SU* BUENA INTENCIÓN».

L os teólogos de la Reforma contrastaron varios conceptos para explicar el modo en que la salvación que Dios otorga por gracia se aplica a los seres humanos. Hicieron esto porque la Biblia contrasta varios conceptos. Por lo tanto, nosotros debemos hacer lo mismo si queremos ser fieles a la Escritura y al ejemplo de los reformadores.

En la salvación, es importante notar que lo que contrastamos es la gracia y el mérito, no la gracia y la actividad humana. ¿Qué estamos tratando de decir? Que en ningún momento de la salva-ción entra en juego nuestro mérito. No merecemos ni podemos merecer o ganar la elección, la regeneración, la fe, la justificación, la santificación y la glorificación. Sin embargo, hay momentos de la salvación en que sí actuamos, pero no de forma meritoria. Por ejemplo, actuamos en el ejercicio de la fe. Hacemos algo, ya que colocamos nuestra confianza en Cristo. Aunque la fe es un don de la gracia de Dios, Él no cree por nosotros. Nosotros creemos. Sin embargo, y esto es esencial, el hecho de que creamos no es meritorio. El Señor no considera nuestra fe como un pago por la vida eterna. No recompensa la fe; la fe simplemente se aferra a Cristo y Su justicia, que es lo que merece la vida eterna.

Otro punto de la salvación en que la gracia y la actividad humana no se oponen entre sí es nuestra santificación, nuestro crecimiento en Cristo y el progreso en la santidad a lo largo de nuestra vida. Solo piensa en Filipenses 2:12-13, donde Pablo nos dice que nos ocupemos en nuestra salvación «con temor y temblor». Es claro que Pablo tiene en mente una especie de actividad humana. Sin embargo, el apóstol enfatiza la iniciativa de Dios. Nosotros obramos

III

DÍAS 47 Y 48

porque Dios obra en nosotros. La gracia del Señor opera en la santificación. Él opera en nosotros para darnos la voluntad de obedecerle, y opera en nosotros para producir buenas obras de obediencia. Estas buenas obras son productos de la gracia, pero no son meritorias para la salvación. Dios nos observa y se complace en nuestra santificación, pero no recibimos la vida eterna por guardar Sus mandamientos. Recibimos la vida eterna porque Cristo guardó los mandamientos de Dios a la perfección.

La gracia y nuestro propio mérito se oponen mutuamente en todos los momentos de la salvación. No podemos exigirle nada a Dios. Sin embargo, la gracia no significa que somos pasivos en el despliegue de la redención del Señor. En algunos puntos claves como la santificación, sí actuamos, pero no para ganarnos un lugar en el cielo, sino porque Cristo ya ganó nuestro lugar en el cielo y porque Él está obrando en nosotros para prepararnos para el cielo. Dios inicia, sostiene y completa nuestra santidad. Actuamos de un modo no meritorio para crecer en la gracia y el conocimiento del Señor Jesucristo, y producimos buenas obras solamente porque están garantizadas por la gracia santificadora de Dios.

PARA
ESTUDIO
ADICIONAL

Deuterono-
mio 28:9;
Roma-
nos 8:13;
2 Corin-
tios 7:1;
Hebreos
13:20-21

APLICACIÓN

Hasta que seamos glorificados, la presencia del pecado permanecerá en nosotros y afectará todo lo que hagamos. Por lo tanto, nuestra obediencia no puede merecer la salvación, ya que nunca es perfecta. Sin embargo, Dios se complace en aceptar las buenas obras realizadas en Cristo y por gracia, y las usa para conformarnos cada vez más al Señor. De este modo actuamos y obedecemos, pero no para ganarnos el cielo sino porque Jesús ya ganó y aseguró el cielo para nosotros.

DÍA 49

LA GRACIA DE LA PERSEVERANCIA Y LA GLORIFICACIÓN

FILIPENSES 1:6 «ESTOY CONVENCIDO PRECISAMENTE DE ESTO: QUE EL QUE COMENZÓ EN USTEDES LA BUENA OBRA, LA PERFECCIONARÁ HASTA EL DÍA DE CRISTO JESÚS».

D urante la Reforma protestante, el debate nunca se centró en la necesidad de la gracia. Hasta el día de hoy, los católicos romanos y los protestantes concuerdan en que la gracia divina es necesaria para la salvación. Ninguno de los dos grupos tiene una postura pelagiana que diga que la gracia es útil pero no estrictamente necesaria para ser salvos. En la Reforma, no hubo un debate genuino sobre la necesidad de la gracia, pero sí hubo desacuerdos en torno a la suficiencia de la gracia. Para poner el desacuerdo de la manera más simple, Roma afirmaba y sigue afirmando que la gracia permite pero no impone la salvación. No todos los que reciben la gracia de Dios terminan en el cielo. Eso se debe a que la gracia por sí sola no puede iniciar, sostener ni completar la salvación sin el consentimiento y la cooperación libre del ser humano. Además, como el consentimiento y la cooperación del ser humano no están garantizados por la gracia, hay muchos que la reciben pero no perseveran en la fe. Esta visión pone la decisión final de nuestra salvación en nuestras manos. Aunque el catolicismo romano no lo expresaría de una forma tan burda, su doctrina oficial hace que la voluntad humana sea decisiva para la redención.

Por otro lado, el protestantismo magisterial y sus herederos de la tradición reformada abogaban por la necesidad y suficiencia de la gracia en la salvación. La gracia permite y obliga. Todas las personas que reciben gracia perseveran hasta el fin y mueren en la fe. Los seres humanos actúan en varios puntos de la salvación, especialmente en la santificación, pero su salvación no se sostiene por su cooperación. En cambio, siguen creyendo porque la gracia de Dios es eficaz y garantiza la perseverancia. Como nos dice el pasaje de hoy, cuando el Señor inicia la salvación, siempre termina lo que empieza (Fil 1:6). Él sostiene y completa la redención de todos aquellos a quienes se la otorga.

Dios guarda en la salvación a todos a los que Él salva. Todos los que son justificados también son glorificados; no hay nadie que experimente la conversión y la justificación, pero luego se aparte de la gracia de forma completa y final (Ro 8:29-30). Muchas personas hacen una profesión de fe falsa y luego se apartan porque, para empezar, nunca fueron salvas de verdad (1 Jn 2:19). Desde luego,

III

DÍAS 48 Y 49

los creyentes podemos sucumbir ante pecados graves. Como dice el Dr. R.C. Sproul en su libro *¿Puedo perder mi salvación?*, «Cada cristiano está sujeto a la posibilidad de una caída grave». Sin embargo, él también observa que ningún cristiano verdadero experimentará una caída total de la gracia. La gracia de Dios no dejará que Su pueblo se aparte de forma definitiva. Su amor por nosotros es suficiente para garantizar nuestra redención final.

APLICACIÓN

Saber que Dios nos guardará en la gracia nos incita a ocuparnos en nuestra salvación, obedeciendo como evidencia de que Él nos está preservando de verdad. Cuando veamos que alguien parece haber caído de la gracia, esa es una señal que debe llevarnos a orar por esa persona. No sabemos si Dios restaurará a ese individuo, pero sí sabemos que el Señor obra a través de nuestras oraciones para cumplir Su voluntad.

DÍA 50

LOS MEDIOS ORDINARIOS DE GRACIA

HECHOS 2:42 «Y SE DEDICABAN CONTINUAMENTE A LAS ENSEÑANZAS DE LOS APÓSTOLES, A LA COMUNIÓN, AL PARTIMIENTO DEL PAN Y A LA ORACIÓN».

Dios nos salva y preserva por la gracia sola, según Su voluntad soberana. A su vez, el Señor ha dispuesto varios medios para venir ordinariamente a encontrarnos con Su gracia. Los llamamos «medios ordinarios de gracia», es decir, aquellos lugares en los que Cristo normalmente se da a Sí mismo a nosotros.

El pasaje de hoy nos muestra cómo funcionaban en la iglesia apostólica los tres medios de gracia ordinarios: la Palabra, la oración y los sacramentos. En primer lugar, nota que los cristianos primitivos se dedicaban «a las enseñanzas de los apóstoles». Esta práctica confirma lo que hemos dicho sobre la importancia de leer y enseñar la Palabra de Dios, pues hoy en día las enseñanzas de los apóstoles solo llegan hasta nosotros en las Escrituras canónicas.

En segundo lugar, en la era apostólica, la Iglesia primitiva estaba dedicada «a la oración». La Iglesia primitiva era una iglesia que oraba y la oración era una parte esencial del culto cristiano primitivo. Esto no es sorprendente. A fin de cuentas, la mayoría de los primeros cristianos tenían un trasfondo judío y las oraciones eran una parte importante de la adoración en las sinagogas. Además, también se ofrecían oraciones a Dios durante la adoración realizada en el templo de Jerusalén. Es notable el hecho de que Salomón oró en la dedicación del templo (1 R 8), pero la oración también era parte regular de la adoración cotidiana allí. Por ejemplo, la gente confesaba sus pecados cuando llevaban sus sacrificios (Lv 5:1-6). Como es obvio, el propio libro de los Salmos es un libro de oraciones y muchos de los salmos fueron escritos de forma específica para ser usados en la adoración pública. Varios de ellos eran «para el director del coro» (p. ej. Sal 61), y la adoración pública era la ocasión en que cantaba el coro (2 Cr 29:25-30). De hecho, el cántico tiene lugar en la adoración cristiana bajo la categoría de oraciones. Los diversos salmos eran oraciones cantadas y también es correcto cantar al Señor bajo el nuevo pacto. Además, el cántico tiene un propósito instructivo, pues las canciones fieles a la Biblia nos permiten enseñarnos y amonestarnos «con toda sabiduría... unos a otros con salmos, himnos y canciones espirituales, cantando a Dios con acción de gracias en [nuestros] corazones» (Col 3:16).

Por último, Hechos 2:42 dice que los cristianos primitivos se dedicaban «al partimiento del pan». Es casi seguro que esta es una referencia a la Cena del Señor, tal vez acompañada de una comida de comunión. En la Cena del Señor y en el bautismo, tenemos un encuentro con nuestro Salvador.

PARA ESTUDIO ADICIONAL

2 Crónicas 29:25-30; Salmo 5; Romanos 12:12; 1 Timoteo 2:1-2

APLICACIÓN

Solemos pensar que la oración es una disciplina espiritual para la adoración y la devoción privada, y lo es. Sin embargo, la oración también es una devoción pública que debe formar parte de la adoración colectiva. Cuando cantemos himnos u oremos al unísono, debemos hacerlo con todo el corazón y la mente. Además, durante la oración pastoral debemos considerar con atención las palabras del pastor y pedirle al Señor que responda la oración.

III

DÍAS 49 Y 50

EL SIGNO Y LA COSA SIGNIFICADA

1 PEDRO 3:18-22 «Y CORRESPONDIENDO A ESTO, EL BAU-
TISMO AHORA LOS SALVA A USTEDES, NO QUITANDO LA
SUCIEDAD DE LA CARNE, SINO *COMO* UNA PETICIÓN A DIOS
DE UNA BUENA CONCIENCIA, MEDIANTE LA RESURRECCIÓN DE
JESUCRISTO, QUIEN ESTÁ A LA DIESTRA DE DIOS, HABIENDO
SUBIDO AL CIELO DESPUÉS DE QUE LE HABÍAN SIDO SOMETI-
DOS ÁNGELES, AUTORIDADES Y POTESTADES» (VV. 21-22).

En su comentario sobre Romanos 4, Juan Calvino escribe que «[los sacramentos] por sí solos no sirven de nada, pero Dios los ha diseñado para que sean instrumentos de Su gracia y, mediante la gracia secreta de Su Espíritu, Él garantiza que no dejen de beneficiar a los elegidos». Esto encapsula lo que en la tradición reformada se conoce como la unión sacramental entre la señal externa del sacramento y su realidad espiritual. En esencia, este concepto nos dice que cuando recibimos los sacramentos con fe, la gracia de Dios opera por medio de estos para cumplir Sus propósitos en quienes confían en el Señor. Los sacramentos no son meros testimonios de nuestra fe, aunque sí dan testimonio de nuestra fe cuando somos bautizados y participamos de la Cena. En cambio, tienen que ver principalmente con Dios y lo que Él hace. Revelan Sus promesas de forma visible y transmiten Sus beneficios cuando los recibimos con fe.

Hay pasajes como 1 Pedro 3:18-22 que nos muestran esta unión sacramental entre el signo y la cosa significada. Nota que en el versículo 21 Pedro afirma de un modo muy explícito que el bautismo «los salva». Sabemos por el resto de la Biblia, e incluso por este mismo pasaje, que Pedro no puede estar diciendo que el bautismo es el medio instrumental de la salvación ni que redime de forma automática a todos los que lo reciben. En el contexto, Pedro vincula la salvación conferida en el bautismo con la salvación conferida a la familia de Noé en el diluvio. Como es obvio, no toda la familia de Noé experimentó la salvación eterna por la protección del arca en el diluvio. Después de todo, el Señor terminó maldiciendo a Cam aunque había sido protegido de las aguas (Gn 9:18-25). Por lo tanto, y en contraste con las tradiciones que creen en la regeneración bautismal, no podemos decir que el bautismo otorga de forma automática lo que representa cada vez que es administrado. Es posible participar de los sacramentos sin recibir la gracia que se exhibe en ellos.

No obstante, Pedro sí dice que el bautismo «los salva», así que en el sacramento ocurre algo más que un simple testimonio de fe visible. Aunque el otorgamiento de la gracia en los sacramentos depende de la soberanía de Dios, la transmisión de esa gracia está tan íntimamente ligada a los sacramentos que podemos decir que ellos producen ciertos efectos. El capítulo 27, párrafo 2, de la Confesión de Fe de Westminster dice: «En cada sacramento hay una relación espiritual, o unión sacramental, entre el signo y la cosa significada, de manera que los nombres y los efectos del uno, se le atribuyen también al otro».

PARA ESTUDIO ADICIONAL

Deuteronomio 10:12-22; Juan 6:51; Hechos 2:38; Romanos 6:3-4

APLICACIÓN

La Biblia suele afirmar que los sacramentos producen ciertos efectos sin decirnos cómo lo hacen. Así que debemos tener cuidado al describir cómo Dios usa el bautismo y la Cena del Señor para cumplir las promesas transmitidas en estos. Como pasa con muchas verdades espirituales, Dios nos da ciertos parámetros y límites, y sobrepasar lo que Él dice es arriesgarse a caer en un gran error.

DÍA 52

LA UNIÓN DE LA PALABRA Y LOS SACRAMENTOS

1 CORINTIOS 11:23-25 «… EL SEÑOR JESÚS, LA NOCHE EN QUE FUE ENTREGADO, TOMÓ PAN, Y DESPUÉS DE DAR GRACIAS, *LO* PARTIÓ Y DIJO: "ESTO ES MI CUERPO QUE ES PARA USTEDES; HAGAN ESTO EN MEMORIA DE MÍ". DE LA MISMA MANERA *TOMÓ* TAMBIÉN LA COPA DESPUÉS DE HABER CENADO, DICIENDO: "ESTA COPA ES EL NUEVO PACTO EN MI SANGRE; HAGAN ESTO CUANTAS VECES *LA* BEBAN EN MEMORIA DE MÍ"».

III

DÍAS 51 Y 52

L os sacramentos son señales y sellos del pacto de gracia
que representan de forma tangible las promesas de Dios y
confirman nuestra fe. Hacen que las verdades espirituales
del evangelio cobren vida ante nuestros sentidos y nos ayudan
para que, como criaturas corporales, conozcamos y persistamos
en la gracia del Señor. Estamos tan conectados al mundo físico
que muchas veces se nos hace difícil entender las realidades espirituales e invisibles. El bautismo y la Cena del Señor son regalos
que Dios nos ha dado para ayudarnos a entender y creer las verdades espirituales.

Por muy útiles que sea los sacramentos para transmitir verdades sobre el mundo invisible ante nuestros sentidos físicos,
debemos tener claro que las meras acciones involucradas en la
administración del agua, el pan y el vino no explican ni ilustran
nada en sí mismas. Es decir, sin la Palabra de Dios, los sacramentos
son señales vacías. Necesitamos escuchar las palabras de nuestro
Creador, las palabras de instrucción dadas para los sacramentos y
la predicación de Su revelación especial, para que los sacramentos
tengan algo que señalar y sellar.

Ante todo, los sacramentos tienen que ver con lo que Dios hace,
y Dios obra la salvación de Su pueblo mediante la predicación
y enseñanza de Su Palabra. El apóstol Pablo escribe: «la fe viene
del oír, y el oír, por la palabra de Cristo» (Ro 10:17). En esa misma
línea, el apóstol Pedro afirma: «Han nacido de nuevo, no de una
simiente corruptible, sino de una que es incorruptible, es decir,
mediante la palabra de Dios que vive y permanece» (1 P 1:23). La
forma principal en que el Espíritu Santo genera fe en nuestros
corazones no es por medio de los sacramentos, sino por medio
de la predicación fiel de Su Palabra. Sin la Palabra, no hay nada
de lo que los sacramentos puedan ser señales, ni hay promesas
de las que puedan ser sellos en nuestros corazones.

Las promesas de Dios siempre acompañan Su institución de los
sacramentos. Por ejemplo, en Génesis 17, el Señor promete ser el
Dios de Abraham y sus descendientes en el mismo momento en
que entrega el mandato de la circuncisión. En el pasaje de hoy,
Pablo nos transmite las palabras de Cristo en la institución de la
Cena del Señor. Cuando Jesús nos dijo que comiéramos del pan

y bebiéramos de la copa, también afirmó que daría Su vida para nuestra salvación. Los sacramentos son importantes e incluso vitales para la salud y la alimentación espiritual del pueblo de Dios, pero la predicación de la Palabra de Dios tiene una prioridad certera. La Palabra de Dios nos da algo a lo que nuestra fe puede aferrarse y los sacramentos confirman de forma tangible lo que está prometido en esta, animándonos a seguir aferrados a las promesas de Dios.

PARA ESTUDIO ADICIONAL

Génesis 2:15-17; Éxodo 12:1-28; Hechos 2:42; 1 Corintios 12:13

APLICACIÓN

Muchos venimos de un trasfondo en que los sacramentos eran solo ideas secundarias, así que nos sentimos agradecidos cuando encontramos iglesias que toman en serio estas ordenanzas de Dios. Sin embargo, nunca debemos dar más prioridad a los sacramentos que a la predicación de la Palabra de Dios. Por el contrario, la predicación de la Palabra del Señor y la administración de los sacramentos deben ir de la mano. No dejemos que el deseo de encontrarnos con Cristo en Sus sacramentos nos vuelva negligentes a la hora de encontrarnos con Él en Su Palabra.

DÍA 53

EL BAUTISMO Y LA UNIÓN CON CRISTO

ROMANOS 6:3-4 «¿O NO SABEN USTEDES QUE TODOS LOS QUE HEMOS SIDO BAUTIZADOS EN CRISTO JESÚS, HEMOS SIDO BAUTIZADOS EN SU MUERTE? POR TANTO, HEMOS SIDO SEPULTADOS CON ÉL POR MEDIO DEL BAUTISMO PARA MUERTE, A FIN DE QUE COMO CRISTO RESUCITÓ DE ENTRE LOS MUERTOS POR LA GLORIA DEL PADRE, ASÍ TAMBIÉN NOSOTROS ANDEMOS EN NOVEDAD DE VIDA».

III

E l bautismo cristiano involucra un testimonio de nuestra fe en Cristo, pero se refiere principalmente a Dios y a lo que Él hace por los creyentes. El capítulo 28 de la Confesión de Fe de Westminster, en su párrafo 6, nos dice que el bautismo realmente confiere la gracia divina, aunque solo a aquellos a quienes

DÍAS 52 Y 53

pertenece la gracia, es decir, a los elegidos. Sabemos que este es el caso porque solo los elegidos de Dios reciben Su gracia salvadora y regeneradora (Ro 9:1-29) y porque el Nuevo Testamento habla del bautismo de formas que lo plasman como algo más que una mera representación visible de realidades espirituales. Hay algo que de verdad ocurre en el bautismo: se confiere gracia, pero solo para los elegidos, quienes siempre responden a esa gracia con arrepentimiento y fe, aunque el momento de la respuesta no necesariamente coincide con el del bautismo.

Hoy veremos que la Escritura dice que el bautismo realiza lo que representa en conexión con nuestra unión con Cristo. Usando los versículos de hoy para probar su afirmación, la Confesión de Fe de Westminster, en su capítulo 28, párrafo 1, afirma que el bautismo es el signo y el sello de «haber sido injertado en Cristo» o de la unión con Cristo. Según Romanos 6, nuestro bautismo nos sepulta con Cristo en Su muerte. Pablo no dice que estamos sepultados con Cristo porque hemos sido bautizados. No, somos unidos a Cristo en Su sepultura porque Dios nos elige, nos regenera y nos da fe (Ef 1:3-6; 2:8-9). De todos modos, como la unión con Cristo depende de la gracia de Dios que es exhibida y conferida a los elegidos en el bautismo, Pablo puede decir que nuestro bautismo nos sepulta con Cristo.

Debemos admitir que no podemos describir con exactitud cómo ocurre esto. No podemos ser unidos a Cristo sin confiar personalmente en Jesús (Jn 3:16; Ro 4), así que el bautismo en sí mismo no puede unirnos a Cristo. Sin embargo, no podemos tener fe sin el don de la gracia salvadora de Dios, que es conferida de algún modo a los elegidos en el bautismo, ya que el bautismo es un signo de esa salvación. A fin de cuentas, aquí hay un misterio que debemos conservar. Tendemos a errar mezclando a tal punto el signo y la cosa significada que decimos que el bautismo regenera a todos los que lo reciben, o divorciando de tal forma el signo y la cosa significada que decimos que el bautismo no confiere beneficios espirituales ni siquiera para los elegidos.

Sin importar si somos sumergidos, rociados o si nos vierten agua, todos pasamos bajo ese elemento —somos sepultados— en el bautismo. De esta manera, nuestra unión con Cristo es señalada y sellada. Además, si de verdad somos bautizados en la muerte de Cristo, también somos unidos a Él en Su resurrección. El bautismo es la promesa que Dios nos hace a los creyentes de que nuestro antiguo hombre adámico ha sido crucificado y somos nuevas criaturas resucitadas en Cristo.

PARA
ESTUDIO
ADICIONAL

Isaías
54:5-8;
1 Corintios 10;
Gálatas
2:20;
Colosenses
3:3

APLICACIÓN

La Escritura nos dice que somos nuevas criaturas en Cristo (2 Co 5:17), pero solemos sentir que seguimos siendo las viejas criaturas en Adán que eran esclavas del pecado. Sin embargo, si tenemos fe, hemos sido bautizados en la muerte de Cristo y hemos muerto al pecado. En tus luchas contra el pecado, observa las aguas del bautismo como una prueba de que has muerto al pecado y resucitado con Cristo, así que no es necesario que cedas a la tentación.

LA CENA DEL SEÑOR Y ALIMENTARSE DE CRISTO

JUAN 6:22-59 «EL QUE COME MI CARNE Y BEBE MI SANGRE, TIENE VIDA ETERNA, Y YO LO RESUCITARÉ EN EL DÍA FINAL. PORQUE MI CARNE ES VERDADERA COMIDA, Y MI SANGRE ES VERDADERA BEBIDA. EL QUE COME MI CARNE Y BEBE MI SANGRE, PERMANECE EN MÍ Y YO EN ÉL» (VV. 54-56).

E l pasaje de hoy ha estado en el centro de los debates entre distintas iglesias sobre el significado de la Cena del Señor. En Juan 6:22-59, leemos que debemos comer la carne de Cristo y beber Su sangre para tener vida eterna. Considerando que Jesús dice que el pan y el vino de la Cena son Su cuerpo y Su sangre (Lc 22:14-20), la mayoría de los intérpretes han visto cierta conexión entre el pasaje de hoy y la Cena del Señor.

Tanto los católicos romanos como los luteranos ven en este texto una alusión a una clase de presencia física del cuerpo de nuestro Salvador en el sacramento. Según el catolicismo romano,

III

DÍAS 53 Y 54

la esencia del pan y del vino se convierte en el cuerpo verdadero y la sangre verdadera de Cristo sin dejar de verse, oler, saber y sentirse como pan y vino. El luteranismo enseña que el cuerpo y la sangre física de Jesús están presentes de un modo misterioso en, con y bajo los elementos. La teología reformada rechaza estas dos posturas porque son contrarias a la cristología bíblica. Cristo posee una naturaleza humana verdadera con un cuerpo humano verdadero (Jn 1:14), y un cuerpo humano verdadero no puede estar presente en más de un lugar a la vez. Tanto la postura católica romana como la postura luterana sobre la Cena terminan haciendo que el cuerpo físico de Jesús esté presente en muchos lugares al mismo tiempo.

Algunas figuras principales del movimiento reformado, como Juan Calvino y los teólogos de Westminster, afirmaron la presencia espiritual de Cristo en la Cena. El cuerpo humano de nuestro Salvador está en el cielo, pero Cristo es una persona divina que también tiene la verdadera naturaleza divina, que es omnipresente. En Su deidad, Cristo está presente en todas partes. Como Su deidad está unida a Su humanidad sin confusión, cambio, división ni separación, tenemos comunión con el Cristo completo en Su humanidad y deidad cuando tenemos comunión espiritual con el Hijo omnipresente de Dios. Su cuerpo humano permanece en el cielo, pero en Su deidad Él puede salvar la brecha que hay entre nosotros y Su naturaleza humana en las alturas. No podemos decir mucho más sobre este misterio que no podemos comprender a plenitud.

El contexto del pasaje de hoy nos muestra que comer y beber la carne y la sangre de Cristo no es una acción carnal, sino un acto espiritual de confianza en Jesús. En Juan 6:22-59, hay un paralelo entre este comer que lleva a la vida eterna y la fe, lo que demuestra que ambas cosas son idénticas. La Cena del Señor es un signo y un sello de esta fe y nos muestra que Aquel en quien creemos es Dios y también hombre, pues tiene un cuerpo humano verdadero. Necesitamos tanto de la humanidad de Cristo como de Su deidad, y los elementos físicos de la Cena graban esto en nuestro corazón y mente.

PARA ESTUDIO ADICIONAL

Éxodo 12:1-28; Deuteronomio 31:8; Mateo 18:2; 1 Corintios 10:16-17

APLICACIÓN

Juan Calvino comenta: «La única manera en que Él puede llegar a ser nuestro es que nuestra fe esté dirigida a Su carne». El pan y el vino de la Cena son sellos que Dios nos da de que vivirán para siempre aquellos que creen que el Dios Hombre sufrió como hombre y resucitó de los muertos. Cuando participamos de la Cena con fe, tenemos comunión con Cristo y somos marcados como quienes heredarán la vida eterna.

III

DÍA 54

SOLA
FIDE

LA FE SOLA

En la *sola fide* (fe sola), estamos enfatizando que la fe es el único instrumento por el que nos aferramos a Cristo y a todos Sus beneficios. Aunque nosotros ejercemos la fe, no es una obra que nos haga merecer la salvación ni tampoco recibimos la salvación como un premio por tener fe. La salvación viene por Cristo solo, y la fe sola es la manera en que accedemos al Salvador. Principalmente, la fe es descansar en Cristo y recibirlo como Señor, aunque es inevitable que la fe salvadora produzca el fruto de una vida de arrepentimiento y obediencia. Este fruto no nos da la salvación en modo alguno, sino que es la demostración externa de nuestra confianza interna en Jesucristo, quien es el único que salva a Su pueblo del pecado, la muerte y Satanás.

La fe sola conserva la verdad de que el Señor es nuestro único Salvador. En primer lugar, la fe mira hacia nuestro exterior y contempla solo a Jesús como el Redentor. En segundo lugar, la misma fe es un don de Dios que el Espíritu Santo le otorga a Su pueblo. Debemos creer, pero solo creemos porque el Señor nos ha dado un corazón nuevo que quiere creer. Añadir cualquier cosa a la fe como un requisito para recibir la salvación es un grave error.

LOS PECADOS DE LOS GENTILES

ROMANOS 1:18-32 «ELLOS, AUNQUE CONOCEN EL DECRETO DE DIOS QUE LOS QUE PRACTICAN TALES COSAS SON DIGNOS DE MUERTE, NO SOLO LAS HACEN, SINO QUE TAMBIÉN DAN SU APROBACIÓN A LOS QUE LAS PRACTICAN» (V. 32).

E l libro de la Biblia que examina con más profundidad la doctrina de la justificación *sola fide* —la justificación por la fe sola— es Romanos, así que comenzaremos nuestro estudio de esta preciosa doctrina en Romanos 1. Sin embargo, Romanos 1 no nos muestra la doctrina en toda su plenitud, sino que este capítulo es parte de un argumento que el apóstol extiende por unos ocho capítulos antes de terminar. Antes que nada, comienza a explicar la doctrina de la justificación en Romanos 1 aclarando por qué la justificación es necesaria. Como veremos, la razón por la que necesitamos ser declarados justos ante Dios en el evangelio es que sin este somos injustos ante Él.

Para los judíos del primer siglo, como Pablo, en realidad solo había dos grupos étnicos: los judíos y los gentiles. Romanos 1:18-32 demuestra que los gentiles son pecadores. Pablo explica que, aun ahora, la ira de Dios se está revelando contra toda la impiedad e injusticia de los seres humanos que restringen la verdad con injusticia (v. 18). Leemos que las personas somos culpables ante nuestro Creador porque no hemos honrado a Dios como Dios —no lo hemos adorado de forma exclusiva— y porque no le hemos dado la gratitud debida (v. 21).

¿Cómo revela Dios Su ira? Estamos acostumbrados a pensar que la ira de Dios es cuando Él vierte Su enojo en juicio contra el pecado. La Biblia describe la ira de Dios de esa manera y vaticina el día final del Señor, cuando el Todopoderoso traerá una gran destrucción sobre los pecadores impenitentes (Is 13:9). Sin embargo, debemos ver esas descripciones de la ira de Dios como el cumplimiento supremo del juicio de nuestro Creador contra el pecado y los pecadores, ya que ahora el Señor está mostrando Su ira en la antesala del día final. Lo hace al entregar a los pecadores a sus pecados y dejar que acumulen más juicio para el día del Señor. Eso es lo que dice Pablo en Romanos 1. La ira de Dios se revela cuando el Señor entrega a la gente a una mayor idolatría, a la homosexualidad, a mentes depravadas, a la calumnia, a la avaricia, a la desobediencia a los padres y a muchos otros pecados (Ro 1:19-31).

Es importante notar que Dios no entrega al pecado a la gente que no quiere pecar. Al menos de este lado de la eternidad, Su juicio consiste en darles a los pecadores exactamente lo que quieren a fin de prepararlos para el día del juicio final. Desde luego que eso es justo, pues los pecadores no solo pecan, sino que van un paso más allá y justifican su pecado y el pecado de los demás. Aprueban el pecado, diciendo que lo malo es bueno y que lo bueno es malo, y animan a los demás a hacer lo mismo (v. 32).

PARA
ESTUDIO
ADICIONAL

Éxodo 8:15;
Salmo 90:9;
Romanos 3:23;
1 Tesalonicenses
2:13-16

APLICACIÓN

En nuestros días, vemos que la gente se amotina en las calles pidiendo tener la libertad de pecar como quieran sin enfrentar ninguna consecuencia. Eso muestra que Dios en Su ira los está entregando a su pecado. Sin embargo, no está perdida toda esperanza. Dios sigue rescatando personas que han sido entregadas al pecado y debemos orar para que Él haga lo mismo con quienes se están deleitando en sus transgresiones, sin importar cuáles sean esos pecados.

DÍA 56

LOS PECADOS DE LOS JUDÍOS

ROMANOS 3:9-18 «¿ENTONCES QUÉ? ¿SOMOS NOSOTROS MEJORES *QUE ELLOS*? ¡DE NINGUNA MANERA! PORQUE YA HEMOS DENUNCIADO QUE TANTO JUDÍOS COMO GRIEGOS ESTÁN TODOS BAJO PECADO» (V. 9).

IV

Muchos judíos del primer siglo creían que su condición como descendientes físicos de Abraham les otorgaba automáticamente una ventaja ante Dios en cuanto a su justicia. En otras palabras, aunque estos judíos reconocían su

DÍAS 55 Y 56

pecado con los labios, en realidad no creían que eran pecadores, o al menos no pensaban que sus pecados los excluirían del reino de Dios. Después de convertirse a Cristo, Pablo no creía que los judíos eran inherentemente más justos que los gentiles, pero sí lo vemos referirse a esta suposición común de los judíos en diferentes puntos de sus escritos. Por ejemplo, en Gálatas 2:15 dice: «Nosotros *somos* judíos de nacimiento y no pecadores de entre los gentiles». En ese pasaje, Pablo no niega la pecaminosidad de los judíos, sino que está apelando al conocimiento general mientras les escribe a los gentiles de Galacia. Incluso ellos sabían que muchos judíos pensaban que solo los gentiles eran pecadores de verdad.

Debido a esa creencia generalizada, el argumento de Pablo en Romanos 2:1 – 3:20 debió haber sido especialmente chocante para muchos de los judíos del primer siglo. Luego de demostrar la pecaminosidad de los gentiles en 1:18-32, Pablo invierte la mayor parte de los capítulos 2-3 en explicar que los judíos son tan culpables ante Dios como los gentiles paganos. No es que ser judío no implique ninguna ventaja, pues los israelitas tenían los oráculos de Dios. En el antiguo pacto, el Señor se reveló a los judíos de un modo en que no se reveló a los gentiles. Sin embargo, en cuanto a la justicia, los judíos no tienen nada mejor que alegar que los gentiles: «Tanto judíos como griegos están todos bajo pecado» (3:9).

En Romanos 3:9-18, Pablo recopila varios pasajes tomados de libros del Antiguo Testamento como Salmos, Proverbios y Jeremías para demostrar que los judíos no son menos pecadores ni menos culpables ante nuestro Creador que los gentiles. El pecado es una condición universal. Todos los descendientes de Adán concebidos de forma natural han quebrantado la ley de Dios y no merecen nada más que la muerte, sean judíos o gentiles. Sin embargo, el hecho de que los judíos también sean pecadores es especialmente importante para entender cómo es resuelto finalmente el problema del pecado y la injusticia. Los judíos tienen la ley de Dios, pero no son más justos que los gentiles ante el Todopoderoso. Esto nos muestra que, sea cual sea la forma en que Dios salva a los pecadores, no puede ser por su propia obediencia a la ley. Eso se debe a que ningún pecador puede guardar la ley a la perfección, y perfección es lo que Dios exige si queremos ser justificados

PARA
ESTUDIO
ADICIONAL

Eclesiastés 7:20;
Isaías 24:5; Jeremías 7:1-29; Hechos 7:51-53

o declarados justos por guardar la ley (2:13). Si queremos ser justificados por la ley, no basta con que solo la tengamos.

APLICACIÓN

Al margen de Cristo, todos están bajo pecado (Ro 3:9). Sin Cristo, es posible que las personas sean buenos ciudadanos. Pueden ser vecinos amables, pero están bajo pecado y no se han reconciliado con Dios. Podemos estimarlos por sus virtudes, pero no podemos asumir que irán al cielo por ser amables. Todos necesitan a Cristo para reconciliarse con Dios, así que debemos compartir el evangelio tanto como podamos, incluso con los incrédulos que son amenos y amables.

DÍA 57

LA LEY Y LA RESPONSABILIDAD

ROMANOS 3:19-20 «AHORA BIEN, SABEMOS QUE CUANTO DICE LA LEY, LO DICE A LOS QUE ESTÁN BAJO LA LEY, PARA QUE TODA BOCA SE CALLE Y TODO EL MUNDO SEA HECHO RESPONSABLE ANTE DIOS. PORQUE POR LAS OBRAS DE LA LEY NINGÚN SER HUMANO SERÁ JUSTIFICADO DELANTE DE ÉL; PUES POR MEDIO DE LA LEY *VIENE* EL CONOCIMIENTO DEL PECADO».

E n el prefacio a Romanos en la traducción del Nuevo Testamento de Martín Lutero, el reformador escribió que esa epístola paulina «es evangelio purísimo». No es difícil entender por qué Lutero dijo eso. En los primeros versículos de Romanos, Pablo se describe como «apartado» para proclamar «el evangelio de Dios» y luego se enfoca en el evangelio como la fuente de la justicia de Dios para los creyentes en Cristo (1:1, 16-17).

Sin embargo, como hemos visto, Pablo no empieza su exposición del evangelio con una definición del mismo, sino que invierte varios capítulos en preparar el terreno para esa explicación aclarando por qué los seres humanos necesitamos el evangelio. El pecado y la alienación que este genera entre la gente y su Creador

IV

DÍAS 56 Y 57

significa que los pecadores necesitan reconciliarse con Dios. Además, el pecado es una condición universal que afecta tanto a judíos como a gentiles. Todos los hombres, las mujeres y los niños —a excepción de Jesús— han quebrantado la ley de Dios (Ro 1:18 – 3:18). «Todos pecaron y no alcanzan la gloria de Dios» (3:23).

Enfrentadas a este dilema, las personas caídas tienen la tendencia natural de tratar de actuar mejor, de esforzarse por generar un registro de bondad y buenas obras que sea mayor que sus transgresiones. Ese esfuerzo es inútil. Sabemos lo que es bueno por la ley de Dios, pero los pecadores que están bajo la ley —los pecadores que tratan de obtener su justicia ante Dios guardando la ley— deben cerrar la boca cuando tratan de defender su propia justicia ante Dios. Si buscamos guardar la ley para ser justificados, para que Dios declare que somos justos y que ya no estamos bajo Su ira, fracasaremos, pues la ley de Dios no nos da lo necesario para ser considerados justos. En cambio, nos da el conocimiento del pecado, que nos dice que somos pecadores (vv. 19-20).

Nota que en el pasaje de hoy Pablo no está presentando la totalidad de la doctrina de la ley de Dios. La ley no solo nos imparte el conocimiento del pecado y nos convence de nuestro pecado. También nos dice qué le agrada a Dios y restringe el pecado, impidiendo que la gente sea tan mala como podría ser (Ro 7:12; 1 Ti 1:8-11). Sin embargo, respecto a la justificación de los pecadores, Lutero dice que «la ley fue dada solamente para dar a conocer el pecado».

El pasaje de hoy se enfoca principalmente en la ley mosaica, pero no excluye la ley de la conciencia. La ley moral eterna de Dios está contenida en la ley mosaica (junto a la ley ceremonial y la ley civil), pero no todos tienen acceso a la Escritura. Sin embargo, la ley moral también se encuentra en nuestra conciencia, donde testifica que la hemos violado (Ro 2:14-16). De este modo, la ley moral de Dios, sin importar cómo la tengamos, solo nos condena en cuanto a la justificación.

PARA ESTUDIO ADICIONAL

2 Reyes 22:8-20; Nehemías 8:1-9; 9:1- 3; Hechos 15:1-11; 2 Corintios 3

APLICACIÓN

Cuando lees la ley de Dios, ¿sientes convicción por no guardarla? Aunque vamos creciendo en obediencia durante el curso de nuestra vida cristiana, al leer Su ley deberíamos sentir convicción por lo lejos que estamos del estándar de Dios. Así nos daremos cuenta de que debemos seguir buscando la salvación solo en Cristo. Cuando leas la ley de Dios, medita en lo lejos que estás de esta y vuelve a mirar a Cristo para tu redención.

LA JUSTICIA SEGÚN LA LEY

ROMANOS 2:13 «PORQUE NO SON LOS OIDORES DE LA LEY LOS JUSTOS ANTE DIOS, SINO LOS QUE CUMPLEN LA LEY, *ESOS* SERÁN JUSTIFICADOS».

L os seres humanos de todas las épocas y lugares tienen la creencia casi universal de que pueden ser salvos haciendo buenas obras. De hecho, solo el cristianismo bíblico enseña que la salvación de los pecadores no se basa en el mérito que fluye de sus buenas obras.

Desde un punto de vista bíblico, es entendible que la gente crea que sus buenas obras los harán ganar un lugar en el cielo. Después de todo, el primer pacto de Dios con los seres humanos, el pacto de obras, otorgaba vida eterna sobre la base de la obediencia perfecta a sus demandas. Adán habría recibido la vida eterna para sí mismo y sus descendientes si no hubiera pecado (Gn 2:15-17; Ro 5:12-21). Como hijos de Adán, todas las personas tienen al menos un recuerdo vago de ese pacto que moldea sus creencias. Además, todas las personas, por mucho que afirmen lo contrario, saben que hay un Dios que tiene exigencias y que nos responsabiliza (Ro 1:18 – 3:20).

Como veremos, nuestra salvación sí depende de las buenas obras, pero no de las buenas obras de los pecadores. En cambio, solo las buenas obras de Cristo son la base por la que somos declarados justos ante los ojos de Dios (2 Co 5:21). El punto central es que Dios exige obediencia perfecta a Su ley, y esa es la razón por la que la obediencia de Cristo puede justificarnos. Nuestra obediencia no puede hacernos justos ante Sus ojos, pues no podemos obedecer a la perfección.

Hay dos líneas de enseñanza bíblica que se unen para decirnos esto. En primer lugar, la ley que Dios le dio a Israel nos presenta la posibilidad teórica de alcanzar la salvación. Guardar la ley trae vida y los que cumplen la ley serán justificados, como nos dice Pablo en el pasaje de hoy (Ro 2:13; ver Lv 18:5). Sin embargo, Pablo también dice que los judíos no pueden justificarse cumpliendo la ley, ni siquiera los que, en términos generales, se conforman a sus requisitos (Ro 3:19-20; Fil 3:2-11). ¿Cómo podría ser posible que cumplir la ley nos haga justos ante los ojos de Dios y que, al mismo tiempo, los judíos que cumplen la ley no puedan confiar en su obediencia para ser justos ante Él? La única respuesta es que, cuando hablamos de nuestra justificación, de la declaración legal en que Dios dice que somos justos ante Sus ojos, guardar la ley solo puede hacernos justos si nunca dejamos de obedecer.

En segundo lugar, Pablo nos dice que la razón por la que no podemos ser justificados guardando la ley no tiene nada que ver con la ley misma. El problema es nuestra condición caída (Ro 7:7-25). Nuestro pecado nos vuelve incapaces de obedecer la ley perfectamente y ese es el motivo por el que la ley no puede justificarnos.

PARA ESTUDIO ADICIONAL

Deuteronomio 32:45-47; Proverbios 7:1-2; Gálatas 3:21; 5:3; 6:13; Santiago 2:10

APLICACIÓN

En su comentario sobre Romanos 3:20, Juan Calvino escribe: «[La ley] en sí misma en verdad es el camino hacia la salvación, pues nos enseña lo que es la justicia, pero nuestra depravación y corrupción impiden que nos sea de provecho en este sentido». Es inútil que pretendamos ser justos ante Dios basándonos en nuestra obediencia. Si lo hacemos, debemos tener perfección, y como no tenemos perfección, tratar de usar la ley para justificarnos solo trae condenación.

DÍA 59

LA INCAPACIDAD HUMANA

ROMANOS 5:17 «PORQUE SI POR LA TRANSGRESIÓN DE UN HOMBRE, POR ESTE REINÓ LA MUERTE, MUCHO MÁS REINARÁN EN VIDA POR MEDIO DE UN HOMBRE, JESUCRISTO, LOS

QUE RECIBEN LA ABUNDANCIA DE LA GRACIA Y DEL DON
DE LA JUSTICIA».

G álatas 3 es uno de los pasajes más extensos en que Pablo
habla sobre la ley de Dios, y allí se incluye esta afirmación notable: «Porque si se hubiera dado una ley capaz
de impartir vida, entonces la justicia ciertamente hubiera depen-
dido de la ley» (v. 21). Si alguna ley pudiera darnos la salvación,
esa sería la ley revelada a través de Moisés, que contiene de forma
escrita la ley moral eterna de Dios que está grabada en la conciencia de todas las personas (Ro 2:14-16). Sin embargo, ni siquiera
la ley perfecta de Dios puede salvar a los pecadores, lo que nos
lleva a plantearnos varias preguntas: ¿por qué la ley de Dios no
puede salvarnos? ¿Por qué es incapaz de darnos la justicia que
necesitamos para estar de pie sin miedo ante el Señor? ¿Acaso la
ley tiene deficiencias inherentes?

La respuesta a estas preguntas es que la incapacidad de la ley
para darnos la justicia que es valiosa ante el juicio de Dios no
tiene nada que ver con la ley misma. En realidad, la ley no puede
darnos la justicia que necesitamos debido a lo que somos. Romanos 7:8-12 afirma la bondad inherente de la ley y nos dice que
produce muerte en lugar de vida por lo que el pecado hace con
esta. Cuando los pecadores reciben la ley de Dios, son provoca-
dos a pecar más. Nuestra condición caída responde a la ley divina
con el deseo interno de transgredir esa ley. Este deseo lo hemos
tenido desde la caída, pero la ley le da más poder cuando no hemos
sido regenerados.

El pasaje de hoy describe el origen de estos deseos pecaminosos.
Cuando Adán pecó, nosotros, sus descendientes, morimos (5:12-
15). En este pasaje, Pablo no solo está aludiendo a la corrupción y
la muerte física, aunque esas cosas son parte de la caída. También
está hablando de la muerte espiritual. La muerte entró al mundo
por el pecado de Adán, y la gente muere incluso cuando no tiene
la ley de Dios en forma escrita. El hecho de que la gente muera
sin haber recibido la ley de Dios muestra que son pecadores que
siguen pecando. La muerte reina incluso sobre quienes no han
pecado con una transgresión semejante a la de Adán, sobre aquellos

IV

DÍAS 58 Y 59

cuyo pecado no responde a un mandato directo de Dios como el de la ley escrita que algunos tienen (v. 14). La gente muere en el sentido físico porque peca, y su pecado es una forma de muerte espiritual que termina desencadenando la muerte física.

PARA
ESTUDIO
ADICIONAL

Salmo
51:5; Jere-
mías 17:9;
Marcos
7:14-23;
Efesios
2:1-3

Cuando en Adán decidimos quebrantar la ley de Dios, no solo heredamos su culpa y condenación (vv. 16-17), sino también una naturaleza corrupta que nos incapacita para cumplir la ley de Dios. El problema somos nosotros mismos, y nuestra corrupción significa que nunca podremos usar la ley como un medio para justificarnos, aunque deseemos hacerlo. Simplemente no podemos cumplir el estándar perfecto de Dios.

APLICACIÓN

Al igual que Agustín antes de ellos, los reformadores protestantes recalcaron que no nacemos neutros, sino culpables y corruptos. Eso es lo que enseñaron los apóstoles y lo que debemos recordar si no queremos darles a los incrédulos la esperanza de que podrán ser lo suficientemente buenos para merecer la salvación. Todas las personas necesitan ser renovadas por el Espíritu Santo para poder contemplar a Cristo salvíficamente y hacer lo que es agradable para Él.

DÍA 60

LA OBEDIENCIA DE UNO

ROMANOS 5:18-21 «PORQUE ASÍ COMO POR LA DESOBEDIENCIA DE UN HOMBRE LOS MUCHOS FUERON CONSTITUIDOS PECADORES, ASÍ TAMBIÉN POR LA OBEDIENCIA DE UNO LOS MUCHOS SERÁN CONSTITUIDOS JUSTOS» (V. 19).

L a justificación por la fe sola (*sola fide*) al margen de nuestras obras fue uno de los principios rectores de la Reforma. Sin embargo, a fin de cuentas, los reformadores enfatizaron la justificación por la fe sola porque querían resguardar la verdad de que somos declarados justos ante Dios por Cristo solo (*solus Christus*). Como veremos, la fe es el medio por el que recibimos la justicia de Cristo y no lo que en realidad asegura nuestra justificación, propiamente hablando. Debemos tener fe en Cristo para ser justificados, pero la fe no es la justicia valedera ante el juicio de Dios. Solo la obediencia de Cristo puede hacer eso.

Hemos visto que, aunque la ley de Dios no fue dada a los pecadores como un pacto de obras ni como un medio para asegurar nuestra propia justicia, sí ofrece una promesa de justificación para todos los que la cumplen de forma perfecta (Ro 2:13). También hemos visto que el pacto original de Dios con la humanidad era uno en el que Adán habría ganado la vida eterna para sí mismo y su posteridad si hubiera obedecido a Dios de forma perfecta (Gn 2:15-17; Ro 5:12-21). Estas verdades nos dicen algo muy importante: Dios exige obediencia total. Guardar Sus mandamientos a medias, incluso la mayoría del tiempo, no basta para cumplir Su estándar judicial. Además, como nuestro Creador es totalmente justo, no puede simplemente cambiar Sus exigencias cuando no las cumplimos. Después de la caída, Dios le dio sacrificios a Su pueblo para que pudieran mantener la comunión con Él aunque siguieran sin alcanzar Su estándar perfecto. Sin embargo, el Señor nunca relajó Su exigencia de perfección. Desde un punto de vista legal, Dios sigue exigiendo que seamos perfectos (Mt 5:48).

No obstante, también hemos visto que debido al pecado, no debido a alguna falla de la ley de Dios, es imposible que cumplamos este estándar. Por lo tanto, en Su gracia, Dios escogió una forma distinta de darnos la obediencia perfecta que necesitamos para presentarnos ante Él. Dios decidió aceptar la obediencia de otro en nuestro lugar. Eso es lo que nos dice Pablo en el pasaje de hoy: «Por la obediencia de Uno los muchos serán constituidos justos» (Ro 5:19). Pablo está viendo toda la obediencia de Cristo desde Su nacimiento hasta Su muerte como un todo y está hablando de la justicia en un sentido forense o legal. La obediencia inmaculada de nuestro Salvador es lo que nos hace justos o lo que proporciona la base para que Dios declare justo a Su pueblo. En su comentario sobre Romanos, el Dr. R.C. Sproul escribe: «La pregunta no es si vamos a ser salvos por obras; la pregunta es de quién son las obras. Somos salvos por las obras del único que cumplió los términos del pacto de obras».

PARA ESTUDIO ADICIONAL

Zacarías 3:1-5; Mateo 27:22-23; Hebreos 5:8; 1 Pedro 2:22

IV

DÍAS 59 Y 60

La buena nueva del evangelio es que Cristo obedeció por nosotros. Él asumió el yugo de la ley, cumpliéndola a la perfección en nuestro lugar. No hay ninguna justicia en las criaturas que podamos añadir a la justicia de Cristo, pues esta es perfecta. Debemos regocijarnos en Su justicia y decirles a los demás que pueden presentarse sin miedo ante Dios si están vestidos con la justicia de Cristo por la fe sola.

DÍA 61

LA INICIATIVA DIVINA EN LA JUSTIFICACIÓN

TITO 3:4-6 «PERO CUANDO SE MANIFESTÓ LA BONDAD DE DIOS NUESTRO SALVADOR, Y *SU* AMOR HACIA LA HUMANIDAD, ÉL NOS SALVÓ, NO POR LAS OBRAS DE JUSTICIA QUE NOSO-TROS HUBIÉRAMOS HECHO, SINO CONFORME A SU MISERICOR-DIA, POR MEDIO DEL LAVAMIENTO DE LA REGENERACIÓN Y LA RENOVACIÓN POR EL ESPÍRITU SANTO» (VV. 4-5).

En la Escritura, la palabra *salvación* y los términos relacionados con esta se usan de varias maneras. A veces, un autor como Pablo usa esas palabras para describir todo el proceso de la salvación, que comienza cuando Dios nos elige y se completa en nuestra glorificación. Romanos 10:1 usa el vocablo «salvación» de esa manera cuando Pablo expresa el deseo de que sus parientes judíos experimenten la «salvación». Pablo está pensando en toda la gama de la salvación: quiere que los judíos sean redimidos por Cristo y gocen de todos los beneficios de la salvación: la justificación, la adopción, la santificación y la glorificación.

En otros momentos, Pablo usa esas palabras para referirse a un solo aspecto de la salvación. Por ejemplo, en 1 Corintios 1:18, Pablo habla de los que «vamos en camino a la salvación» (NTV), una clara alusión a la purificación continua del pecado que los creyentes experimentan en la santificación. En el pasaje de hoy, Pablo habla de cómo Cristo «nos salvó», y es claro que está pensando en la justificación (cuando somos declarados justos), pues también dice que hemos sido «justificados por [la] gracia [de Dios]» (Tit 3:4-7).

Este pasaje enfatiza la iniciativa divina en la justificación. Dios no nos justificó basándose en obras de justicia que hubiéramos hecho. La justificación es por la sola gracia, al margen de cualquier obra que hayamos hecho y al margen de cualquier obra que los demás pecadores hayan hecho por nosotros. Dios efectúa la justificación por nosotros y, como hemos visto en Romanos 5:12-21, lo hace solo a través de las obras de Cristo. Al continuar con nuestro estudio de la doctrina de la justificación, es importante que recordemos este hecho, pues hay muchos otros sistemas teológicos que dicen que Dios nos justifica por Su obra, pero también debido a las buenas obras que hacemos.

Además, el pasaje de hoy dice que Dios nos salvó «por medio del lavamiento de la regeneración» (Tit 3:5). El catolicismo romano toma pasajes como este y afirma que somos justificados en un comienzo por la instrumentalidad del bautismo con agua. Esa interpretación no puede ser correcta, pues los pasajes en que Pablo trata la justificación de forma más sistemática dejan claro que la fe es el único instrumento por el que recibimos la justicia que nos justifica (Ro 4:5; Gá 2:15-16). Pablo alude al bautismo en Tito 3 porque el bautismo es una imagen de algo que ocurre en nuestra justificación. El hecho de lavarnos con agua quita la suciedad del cuerpo, y en la justificación nuestros pecados son quitados de nosotros y puestos sobre Cristo (2 Co 5:21). El bautismo no nos justifica por sí mismo, pero en el bautismo Dios promete quitar los pecados de todos los que creen en el evangelio. Juan Calvino comenta que la salvación «[no] está contenida en el símbolo externo del agua, pero... el bautismo nos habla de la salvación obtenida por Cristo».

PARA ESTUDIO ADICIONAL

Éxodo 20:2; Romanos 4:16; 1 Corintios 1:4; Efesios 2:8-9

APLICACIÓN

Dios usa la Palabra y los sacramentos según Su beneplácito para crear y sostener la fe en Sus elegidos. Solo por medio de la fe nos beneficiamos de las promesas de Dios, así que el mero hecho de oír la Palabra de Dios predicada y recibir el bautismo y la Cena del Señor no es garantía de nada. Sin embargo, esas cosas necesariamente revelan las promesas de Dios y nuestra fe no puede sustentarse sin estas.

IV

DÍAS 60 Y 61

LA FE Y LA JUSTIFICACIÓN

HABACUC 2:4 «ASÍ ES EL ORGULLOSO: EN ÉL, SU ALMA NO ES RECTA, MAS EL JUSTO POR SU FE VIVIRÁ».

L a Escritura nos dice una y otra vez que ninguno de nosotros ha guardado la ley de Dios de un modo suficiente para ser declarado justo por su propia obediencia. El Predicador, que escribió el libro de Eclesiastés, nos dice: «Ciertamente no hay hombre justo en la tierra que haga el bien y nunca peque» (Ec 7:20). Génesis 8:21 afirma que «la intención del corazón del hombre es mala desde su juventud». Además, luego de analizar la Escritura y la evidencia del mundo que lo rodea, Pablo concluye «que tanto judíos como griegos están todos bajo pecado. Como está escrito: "No hay justo, ni aun uno; no hay quien entienda, no hay quien busque a Dios"» (Ro 3:9-11).

Por lo tanto, la única manera en que podremos estar de pie en el día del juicio es que Dios nos dé una obediencia perfecta que haya conseguido otra persona por nosotros. Esa justicia es la justicia de Cristo, por la que muchos somos declarados o contados como justos (Ro 5:19). En el juicio final, solo la justicia de Cristo nos preservará para la vida eterna.

Nuestro Creador aceptará la justicia de Cristo en lugar de la nuestra, pero aún queda una pregunta clave: ¿cómo nos apropiamos de Su justicia? Es solo por medio de la fe. Los sacramentos y nuestras buenas obras de obediencia genuina pero imperfecta son importantes; sin embargo, no son los medios por los que recibimos la justicia de Cristo. La Escritura es clara: la justificación está basada exclusivamente en la justicia de Cristo, que solo recibimos cuando renunciamos a toda pretensión de haber cumplido el estándar de Dios y confiamos solamente en Cristo para salvación (Lc 18:9-14; Ro 4). La fe es el único instrumento por el que recibimos la justicia de Cristo.

Los apóstoles no fueron los primeros en enseñar que solo podemos sobrevivir el juicio de Dios y heredar la vida eterna por medio de la fe. De hecho, Pablo se vuelve al Antiguo Testamento para respaldar esta enseñanza, y defiende su idea con Habacuc 2:4: «El justo por su fe vivirá» (ver Ro 1:17). Habacuc vivió a finales del siglo VII a. C. y se desesperó porque Dios no había traído Su juicio contra el pueblo de Judá, aunque era culpable de pecados flagrantes (Hab 1:1-4). El Señor le respondió a Habacuc que iba a juzgar a Judá enviando a Babilonia contra Su pueblo, pero eso confundió al profeta, ya que Babilonia era terriblemente impía y ella misma debía ser juzgada (1:5-2:1). A la luz de esto, habría sido tentador creer que la gente podría sobrevivir el juicio contra Judá y Babilonia por su propia justicia. Sin embargo, Dios le dijo a Habacuc que la vida solo podría hallarse a través de la fe (Hab 2:4). Los que son justos en el día del juicio no son justos por sus propias obras, sino solo por la fe.

PARA ESTUDIO ADICIONAL

Génesis 15:6; Romanos 4:5; 9:30-33; 10:5-10; Gálatas 3:10-14; Hebreos 10:32-39

APLICACIÓN

Resulta fácil contemplar la perversidad del mundo y creer que, como somos más justos en comparación, Dios nos aprueba basándose en nuestras obras. Sin embargo, en realidad, ninguno de nosotros ha cumplido con la norma perfecta, por lo que tratar de apoyarnos en nuestras propias obras es una necedad. Debemos descansar en Cristo solo, rechazando continuamente cualquier pretensión de una justicia propia que sea valedera ante nuestro Creador.

DÍA 63

LA FE Y LA JUSTICIA

ROMANOS 4:1-5 «… AL QUE TRABAJA, EL SALARIO NO SE LE CUENTA COMO FAVOR, SINO COMO DEUDA; PERO AL QUE NO TRABAJA, PERO CREE EN AQUEL QUE JUSTIFICA AL IMPÍO, SU FE SE LE CUENTA POR JUSTICIA» (VV. 4-5).

IV

L a doctrina de la justificación está en el corazón del evangelio, pues la justificación explica cómo somos aceptables para Dios. Por lo tanto, entender esta doctrina es entender el evangelio mismo.

DÍAS 62 Y 63

Al igual que las demás doctrinas explicadas en el Nuevo Testamento, la justificación solo puede entenderse al tener en cuenta su trasfondo en el Antiguo Testamento. Para partir, debemos entender qué ocurre en la justificación. En la justificación, Dios resuelve el problema legal o judicial que tenemos por ser transgresores de la ley, quienes han violado Sus mandamientos, y Él hace eso mediante una declaración legal de nuestro estatus y no mediante una transformación interna. En Deuteronomio 25:1, se ordena que los jueces absuelvan al inocente. Claramente, cuando un juez absuelve a una persona inocente, no está cambiando a esa persona, sino solo emitiendo una declaración sobre su estatus ante la ley. Luego de considerar la evidencia, el juez declara legalmente que el imputado no ha violado la ley según indican las pruebas. Lo notable es que la palabra «absolver» es una traducción del verbo griego *dikaiō*, que es el mismo verbo que Pablo usa en Romanos 4:5, donde dice que Dios justifica al impío. En la justificación, Dios no cambia a las personas, aunque todos los que son justificados han recibido un nuevo corazón para creer en Cristo. De un modo similar al actuar de los jueces del antiguo pacto, Dios, el gran Juez, considera los hechos del caso y declara que los pecadores son justos ante Sus ojos.

Pero ¿cuáles son los hechos por los que el Señor nos justifica? Como hemos visto, la justicia de Cristo es la base de nuestra justificación. Debemos tener fe, pero la fe en sí misma no es la justicia que nos justifica. Si lo fuera, nuestra justificación estaría basada en algo que hacemos nosotros, pues nosotros somos los que creemos en Cristo, y Pablo es categórico al afirmar que la justificación no se basa en ninguna acción o esfuerzo del hombre (Ro 4:1-2). La fe salvadora es agradable para Dios, pero como hasta nuestra fe es imperfecta, no puede servir como la base meritoria de nuestra justificación. De esto mismo se habla en el pasaje de hoy, donde sería más preciso traducir la frase «su fe se le cuenta por justicia», en Romanos 4:5, como «su fe es contada para o por el fin de la justicia». Nuestra fe es el instrumento de la justificación porque a través de esta Dios nos cuenta o imputa la justicia perfecta de Cristo. Nuestra fe es para la justicia: es el medio a través del cual recibimos la obediencia de Cristo, que es la justicia que nos justifica.

PARA
ESTUDIO
ADICIONAL

Proverbios
17:15;
Mateo 5:6;
Romanos
8:33-34a;
1 Corintios 1:30

APLICACIÓN

A nivel terrenal, vemos injusto que una persona sea juzgada dos veces por el mismo delito. Lo mismo ocurre con la justificación que Dios nos da. Sería injusto que Él nos declarara justos y luego volviera a declararnos injustos. Una vez Dios nos declara justos ante Sus ojos, gozamos de ese veredicto para siempre. Ya no hay que temer la sentencia judicial de condenación si estamos en Cristo.

DÍA 64

LA JUSTIFICACIÓN Y EL PECADO

ROMANOS 4:6-8 «COMO TAMBIÉN DAVID HABLA DE LA BENDI-CIÓN *QUE VIENE* SOBRE EL HOMBRE A QUIEN DIOS ATRIBUYE JUSTICIA APARTE DE LAS OBRAS: "BIENAVENTURADOS AQUE-LLOS CUYAS INIQUIDADES HAN SIDO PERDONADAS, Y CUYOS PECADOS HAN SIDO CUBIERTOS. BIENAVENTURADO EL HOMBRE CUYO PECADO EL SEÑOR NO TOMARÁ EN CUENTA"».

La *sola fide* —la fe sola— a veces es descrita como «la causa material» de la Reforma porque la sustancia o el objeto del debate entre los reformadores protestantes y la Iglesia romana tenía que ver con el medio instrumental de la justificación. Tanto los reformadores como sus oponentes entendían que debemos ser declarados justos para sobrevivir al juicio de Dios e ingresar a la vida eterna. Sin embargo, discrepaban en cuanto al medio instrumental de la justificación y la base de esa declaración. Los católicos romanos afirmaban que la base de la declaración divina es la justicia de Cristo y las obras justas que producimos en cooperación con la gracia. También decían que los medios instrumentales de la justificación son los sacramentos del bautismo, que inicia a las personas en el estado de la justificación, y la penitencia, que restaura a la gente al estado de la justificación después de cometer pecado mortal. Los protestantes afirmaban que la base de la declaración de la justificación es solo la justicia de Cristo y que la fe sola es el instrumento mediante el cual esa justicia nos es imputada o es puesta en nuestro registro.

IV

DÍAS 63 Y 64

119

Como hemos visto, Romanos 4:1-5; 5:12-21; 1 Corintios 1:30, y varios otros pasajes nos enseñan en conjunto que la justificación se basa en la imputación de la justicia de Cristo a través de la fe sola. Esa imputación es una de las caras del intercambio doble que ocurre en la justificación. En términos positivos, la obediencia perfecta de Cristo nos es imputada. En términos negativos, el pecado es quitado de nosotros. En la justificación, Dios nos imputa una justicia que no es nuestra, sino de Cristo, y Él toma nuestro pecado y lo pone sobre Cristo, quien cargó el juicio divino contra él en la cruz: «Al que no conoció pecado, lo hizo pecado por nosotros, para que fuéramos hechos justicia de Dios en Él.» (2 Co 5:21).

Romanos 4:6-8 proclama esta eliminación del pecado y de la culpa, que a veces se conoce como la no imputación del pecado, ya que el pecado y la culpa no nos son imputados a nosotros, sino a Cristo. Pablo nos dice que, en el Salmo 32:1-2, David enseña que en la justificación Dios no toma en cuenta el pecado de la persona a quien Él declara justa. No es que la justificación signifique que no somos pecadores, sino que el Señor ya no toma en cuenta nuestro pecado contra nosotros. Esa en verdad es una buena noticia. En su libro *Faith Alone* [*La fe sola*], el Dr. R.C. Sproul escribe: «En nuestro perdón redentor, Dios no nos cobra lo que debemos. No toma en cuenta nuestros pecados contra nosotros. Si lo hiciera, nadie (salvo Jesús) podría escapar jamás de Su ira justa. Nadie más que Cristo podría permanecer de pie ante el juicio de Dios».

PARA ESTUDIO ADICIONAL

Salmo 130:3-4; Isaías 55:6-7; Miqueas 7:18-20; 1 Juan 2:12

APLICACIÓN

Nada puede cambiar el hecho de que hemos pecado. Pero lo que sí puede cambiar es nuestro estatus ante el trono del juicio de Dios. En la justificación, nuestro pecado y nuestra culpa son quitados y quedamos cubiertos con la obediencia de Cristo, lo que permite que Dios nos declare justos ante Sus ojos. Si estamos en Cristo, nuestros pecados jamás serán considerados contra nosotros en el día del juicio. En Cristo somos verdaderamente libres de la condenación. Este es un motivo para que tengamos gran regocijo.

NO POR ALGUNA OBRA NUESTRA

ROMANOS 4:9-12 «¿ES, PUES, ESTA BENDICIÓN *SOLO* PARA LOS CIRCUNCISOS, O TAMBIÉN PARA LOS INCIRCUNCISOS? PORQUE DECIMOS: "A Abraham, la fe le fue contada por justicia". ENTONCES, ¿CÓMO LE FUE CONTADA? ¿SIENDO CIRCUNCISO O INCIRCUNCISO? NO SIENDO CIRCUNCISO, SINO SIENDO INCIRCUNCISO» (VV. 9-10).

E n su libro *Faith Alone* [*La fe sola*], el Dr. R.C. Sproul escribe: «Según Roma, la declaración de que somos justos [es decir, la justificación] viene después de que el pecador regenerado es hecho internamente justo. Para la Reforma, la declaración de que somos justos viene después de que la justicia de Cristo es imputada al pecador regenerado». En lo que compete a la justificación, la diferencia entre la teología reformada y la teología católica romana no tiene que ver con la necesidad de la gracia, la fe y la obediencia de Cristo. Roma siempre ha enseñado que nadie puede ser justificado sin esas cosas. La diferencia entre Roma y la Reforma es que, según el catolicismo romano, la justificación se basa en una justicia inherente, en una justicia que Dios nos infunde y con la que cooperamos para aumentar nuestra justificación. Según la teología bíblica y reformada, la justificación se basa exclusivamente en la justicia de Cristo, que es una justicia ajena, una justicia que no es inherentemente nuestra, ya que solo consiste en las buenas obras de Jesús.

Por lo tanto, la verdadera línea divisoria entre el catolicismo romano y la Reforma es una palabra: *sola*. La justificación no solo es por la fe; es por la fe sola. La justificación no solo es por gracia; es por la gracia sola. La justificación no solo es por la obra de Cristo; es por la obra de Cristo solo. Si añadimos una obra nuestra como parte de la base de la justificación, hemos perdido el evangelio. Pablo enfatiza que no somos justificados por nuestras obras y lo ilustra mostrando que Abraham fue justificado antes de obedecer la ley. Fue justificado por la fe sola al margen de la circuncisión (Ro 4:9-12). La única forma de preservar esta enseñanza es recalcar

IV

que la única base meritoria de nuestra justificación es la obediencia de Cristo, que nos es imputada. Cuando hacemos que nuestra justificación dependa de una justicia inherente que combina el mérito de Cristo con nuestro propio mérito, ya hemos perdido el evangelio de la gracia.

La enseñanza de que ninguna de nuestras buenas obras es parte de la base de la justificación es tan clara que muchos han tratado de eludirla diciendo que, como Pablo menciona la circuncisión en Romanos 4, solo quiere decir que las obras de la ley ceremonial no pueden justificarnos, pero la obediencia a la ley moral sí puede hacerlo. Eso es no entender que en ese pasaje Pablo está usando la circuncisión como un ejemplo eminente de los mandamientos de la ley y que representa a toda la ley. Juan Calvino comenta que en la circuncisión «están incluidas todas las obras de la ley, es decir, todas las obras que pueden merecer una recompensa». En efecto, la justificación no es por ninguna obra de justicia que hayamos hecho (Tit 3:4-7).

PARA ESTUDIO ADICIONAL

Salmo 73:25-26; Isaías 64:6; 2 Corintios 5:21; Filipenses 1:9-11

APLICACIÓN

La justificación es por la fe sola. Debemos ser claros en la palabra *sola*, pues sin esta no tenemos el evangelio. Si tratamos de añadir una obra nuestra a Cristo, estamos obligados a cumplir toda la ley y a cumplirla a la perfección para ser justificados (Gá 5:3). Obviamente, no podemos hacer eso. Si no queremos ser cortados de Cristo y Su obediencia perfecta, debemos defender con firmeza la doctrina de la justificación por la fe sola y nunca flexibilizarla.

DÍA 66

¿POR QUÉ LA FE?

EFESIOS 2:8-10 «PORQUE POR GRACIA USTEDES HAN SIDO SALVADOS POR MEDIO DE LA FE, Y ESTO NO PROCEDE DE USTEDES, *SINO QUE ES* DON DE DIOS; NO POR OBRAS, PARA QUE NADIE SE GLORÍE. PORQUE SOMOS HECHURA SUYA, CREADOS EN CRISTO JESÚS PARA *HACER* BUENAS OBRAS, LAS CUALES DIOS PREPARÓ DE ANTEMANO PARA QUE ANDUVIÉRAMOS EN ELLAS».

L a fe, y solo la fe, es el medio instrumental de la justificación. En otras palabras, es mediante la fe sola que nos aferramos o apropiamos de la única base de nuestra justificación: la justicia de Cristo (Ro 4). La fe en sí misma no es la justicia por la que Dios nos declara justos ante Sus ojos; por así decirlo, solo la obediencia de Cristo es la evidencia por la que nuestro Creador pronuncia el veredicto de que somos justos y herederos de la vida eterna (5:12-21). Sin embargo, la justicia de Cristo no puede ser nuestra si no recibimos ni descansamos en Cristo solo: no nos será imputada sin la fe.

Pero ¿por qué la fe y no otra cosa es el medio instrumental de la justificación? Para responder esta pregunta, debemos entender algo sobre el carácter de la fe salvadora. Para empezar, y siguiendo la línea de la verdad de que nuestra salvación solo se debe a la misericordia de Dios, la fe es el único medio instrumental de la justificación porque es don de Dios. Cuando Pablo habla del «don de Dios» en Efesios 2:8, no se refiere solamente a la gracia de Dios que había sido descrita antes en el mismo versículo. Sería redundante referirse a la gracia como un don, pues la gracia es un don por definición; además, la gramática del versículo exige que la frase «don de Dios» aluda a todo el conjunto de la gracia, la salvación y la fe en el versículo 8. La justicia perfecta de Cristo es el don que Dios nos da, e incluso el medio por el que la recibimos es un don que el Señor nos entrega en la regeneración. Nuestra elección para salvación que da el fruto de la fe justificadora «no *depende* del que quiere ni del que corre, sino de Dios que tiene misericordia» (Ro 9:16) y no hay nadie al que nuestro Creador atraiga con misericordia hacia Sí que no termine confiando en Cristo (Jn 6:37-40). Aunque nosotros ejercemos la fe, la tenemos porque Dios nos la da por la obra de Su Hijo Jesucristo, quien es el «autor y consumador de la fe» (He 12:2).

Desde luego, el pasaje de hoy dice que las buenas obras que hacemos después de ser justificados también son dones de Dios (Ef 2:10), pero no son los medios por los que nos aferramos a la justicia de Cristo. ¿Por qué? Porque aunque la fe es algo que hacemos —nosotros confiamos en Cristo— el carácter de la fe salvadora o justificadora es el de descansar y recibir, no el de ofrecer algo

IV

DÍAS 65 Y 66

PARA ESTUDIO ADICIONAL

Salmo 142; Jeremías 31:9; Lucas 18:9-14; Filipenses 3:2-11

meritorio a Dios. La fe de Abraham es el paradigma de la fe justificadora: él recibió la promesa de Dios y confió en esta sin ofrecer nada más para concebir a Isaac, el hijo prometido, pues no tenía nada que dar (Gn 15:1-6; Ro 4:16-25). La fe salvadora puede compararse con una mano abierta que simplemente recibe lo que le es ofrecido, admitiendo que no tenemos nada en nosotros mismos.

APLICACIÓN

En nuestra justificación, somos como mendigos ante Dios. Todo lo que presentamos es una mano abierta, pidiéndole al Señor Su misericordia y gracia. La fe justificadora es consciente de que no merecemos nada más que la condenación, y no trata de excusar el pecado ni de ofrecer mérito alguno a cambio de la justicia de Cristo. ¿Tienes esa clase de confianza que depende absolutamente del Señor?

DÍA 67

¿QUÉ ES LA FE SALVADORA?

SANTIAGO 2:14-19 «TÚ CREES QUE DIOS ES UNO. HACES BIEN» (V. 19A).

Como la fe es el único medio instrumental por el que recibimos la justicia de Cristo y de ese modo somos declarados justos herederos de la vida eterna (Ro 3:21-4:25), es crítico que entendamos qué es la fe salvadora o justificadora. Después de todo, nuestro propio Señor nos advierte que en el día final algunos creerán que fueron siervos de Cristo, pero en realidad serán expulsados del reino porque nunca creyeron realmente en Él, así que tampoco hicieron Su voluntad (Mt 7:21-23). No queremos estar en ese grupo de los que se engañan a sí mismos, y saber cómo es la fe salvadora o justificadora nos ayudará a evitar una profesión falsa de confianza en el Salvador.

Cuando los reformadores protestantes consideraron la cuestión de la fe salvadora, encontraron tres aspectos esenciales de la fe verdadera en la Escritura. El primero es la *notitia*, que es el contenido intelectual de lo que creemos. La fe salvadora es fe en la persona y la obra de Cristo, así que debemos saber algo sobre Jesús y lo que Él hizo si queremos tener fe genuina en Él. Esto es obvio por la misma existencia del evangelio cristiano: hablamos sobre Jesús con las personas, compartiendo contenido bíblico que deben creer.

El segundo componente de la fe salvadora es el *assensus* o la creencia de que el contenido del evangelio cristiano es verdadero. Es posible conocer algo sin creer que es cierto; de hecho, conocemos muchas cosas que no creemos que son ciertas, como el contenido de las demás religiones. Sin embargo, como la fe cristiana depende de la realidad histórica de sucesos como la resurrección de Jesús (1 Co 15:17), no solo debemos saber que el cristianismo proclama el contenido de la resurrección histórica de Cristo, sino que también debemos creer que la resurrección ocurrió (Ro 10:9).

Por último, la fe salvadora incluye la *fiducia*, que consiste en poner la confianza en Aquel que reveló el contenido que creemos que es veraz. Como leímos en el pasaje de hoy, es bueno conocer lo que Dios ha revelado y creer que es cierto, pero eso no basta (Stg 2:14-19). Incluso los demonios saben de la veracidad de la revelación de Dios y asienten a esta, por lo que el mero hecho de conocer y creer verdades necesarias para la salvación, como la unicidad de Dios, no basta para que seamos redimidos (v. 19b). Como comenta Juan Calvino, el mero conocimiento y la creencia «no puede conectar más al hombre con Dios que lo que ver el sol puede elevarlo hacia el cielo». También es necesario que pongamos nuestra confianza personalmente en Cristo para que Él nos salve. Debemos creer que Jesús vino a salvarnos personalmente. Debemos poner nuestra vida en Sus manos, prometiendo que lo seguiremos sin importar el costo.

PARA ESTUDIO ADICIONAL

Salmo 31:6;
Proverbios 16:20;
Isaías 50:10;
Marcos 9:14-24

IV

APLICACIÓN

Cuando nos ponemos en manos de Cristo para que Él nos salve, no estamos negando que la fe salvadora es, en esencia, algo que recibimos, pues, cuando confiamos en Cristo, no estamos diciendo: «Aquí estamos: tienes suerte de tenernos. Mira lo que podemos hacer». Más bien, decimos: «Señor, no tenemos nada y no nos debes

DÍAS 66 Y 67

nada; por favor, tómanos y úsanos como Tú quieras». Cuando nos entregamos a Cristo, seguimos pidiéndole que nos dé todo, pues no tenemos nada.

DÍA 68

LA JUSTIFICACIÓN Y NUESTRAS BUENAS OBRAS

SANTIAGO 2:20-26 «PORQUE ASÍ COMO EL CUERPO SIN *EL* ESPÍRITU ESTÁ MUERTO, ASÍ TAMBIÉN LA FE SIN *LAS* OBRAS ESTÁ MUERTA» (V. 26).

U na única palabra, *sola*, separa la doctrina bíblica de la justificación por la fe de la doctrina de la justificación por la fe definida por el catolicismo romano y varias otras tradiciones teológicas. No basta con decir que somos justificados por la fe, pues todos los que profesan creer en la Sagrada Escritura confiesan que somos justificados por la fe. La división es entre los que, al igual que los profetas y apóstoles, creen que la justificación es por la fe sola (Gn 15:1-6; Ro 3:21-4:25; Gá 3:10-14) y los que creen que la justificación es producto de la combinación de nuestra fe y nuestras buenas obras.

Sin embargo, negar que nuestras buenas obras son, en algún sentido, parte del fundamento de la declaración por la que somos justos ante los ojos de Dios no equivale a negar que los cristianos deben hacer buenas obras y, de hecho, tienen la obligación de realizarlas. Nuestras buenas obras están relacionadas con nuestra justificación, pero debemos entender cuál es la relación correcta entre estas y el veredicto justificador de Dios. En términos sencillos, las buenas obras son posteriores al decreto justificador de Dios como frutos de la fe salvadora.

Santiago 2:12-26 es uno de los pasajes más claros de la Biblia que tratan este tema. En este capítulo, el apóstol se preocupa por distinguir entre la fe auténtica y la mera profesión de fe. En el versículo 14, critica al individuo que «dice que tiene fe» y luego, en el versículo 18, afirma que es imposible demostrar la fe sin buenas obras. ¿Por qué las buenas obras son la prueba necesaria de que la fe es real? La respuesta es que todos los que de verdad han confiado en Cristo son nuevas criaturas (2 Co 5:17). Dios no nos declara justos basándose en la transformación que Él realiza en nosotros, sino solo en la justicia perfecta de Cristo (v. 21; ver Ro 5:12-21). Sin embargo, todos los que han confiado exclusivamente en Jesús para salvación también han sido transformados por Él y están siendo renovados de gloria en gloria (2 Co 3:18). No pueden evitar hacer lo correcto, aunque, como es obvio, lo hacen de forma imperfecta. Además, si en la vida de alguien que profesa ser creyente no hay buenas obras, esa persona no ha sido cambiada, así que tampoco ha recibido el don de la fe, que requiere el cambio que Dios el Espíritu Santo efectúa en nuestra regeneración (Jn 3:5; Ef 2:8-9).

En la Escritura, el vocablo traducido como «justificar» a veces significa «probar» o «demostrar» (Mt 11:19). De esa forma lo usa Santiago en el pasaje de hoy. Nos enseña que nuestras obras demuestran nuestra fe. Es decir, nuestra fe es justificada o probada por nuestras obras. Como comenta Juan Calvino, no somos justificados «por un mero conocimiento vacío de Dios», sino que la fe verdadera y justificadora se manifiesta de forma externa en nuestros deseos y esfuerzos por obedecer al Señor.

PARA ESTUDIO ADICIONAL

Isaías 5:1-7;
Mateo 3:8;
Juan 15:8;
Romanos 7:4

APLICACIÓN

Juan Calvino también comenta que la doctrina de la justificación por la fe sola no hace que las buenas obras sean superfluas, sino que solo «les quita el poder de conferir justicia, pues no pueden mantenerse en pie ante el tribunal de Dios». Las buenas obras que hacemos no nos justifican, pero si no las tenemos, tampoco tenemos la fe por la que nos aferramos a la justicia justificadora de Cristo.

IV

PRESERVAR LA GRACIA DE LA GRACIA

ROMANOS 11:6 «PERO SI ES POR GRACIA, YA NO ES A BASE DE OBRAS, DE OTRA MANERA LA GRACIA YA NO ES GRACIA».

L as buenas obras son parte esencial de la vida cristiana. Por ejemplo, en Romanos 1:5 vemos que Pablo fue llamado a predicar para que la «obediencia a la fe» tuviera lugar «entre todos los gentiles». El apóstol predicaba el evangelio para que la gente creyera y diera el fruto de obediencia que fluye de la verdadera fe salvadora. Además, los que profesan tener fe muestran que no son solo palabras, sino que de verdad la tienen al no negar a Dios haciendo acciones malas (Tit 1:16). Dicho de otro modo, cuando hacemos el bien y no el mal, revelamos que de verdad hemos puesto nuestra confianza en Cristo para salvación.

Debemos recalcar que las obras demuestran nuestra fe. Los apóstoles no saben de nadie que pueda tener a Jesús como Salvador sin simultáneamente someterse a Él como Señor. Decirles a los demás que pueden ser cristianos carnales, que están seguros en Cristo por el mero hecho de hacer una profesión oral de fe aunque no puedan mostrar nada de amor por los demás ni servicio a Dios, es darles una seguridad falsa. Si no tenemos ninguna obra, no tenemos la fe que justifica (Stg 2:14-26).

Sin embargo, al insistir en que las obras son necesarias para demostrar la fe, debemos tener el cuidado de no hacer que nuestras obras pasen a formar parte de la justicia que pensamos que incita a Dios a declararnos justos en Su tribunal celestial. Es cierto que hay una línea muy delgada para caminar cuando recalcamos que las obras son necesarias para demostrar nuestra fe pero no nos justifican de ninguna manera, pero debemos estar comprometidos a hacer eso si no queremos negar la gracia de la gracia. Como dice Pablo en Romanos 11:6, si nuestra elección para salvación y nuestra justificación están basadas en nuestras propias obras de algún modo, la gracia «ya no es gracia». La justificación depende de la mano vacía de la fe «para que [la promesa] *esté* de acuerdo con la gracia» (4:16) y eso nos permite darle la gloria de la salvación solo a Dios. Si la fe justificadora descansa exclusivamente en Cristo y recibe Su justicia, reconocemos que nuestra redención solo es obra del Señor, lo que redunda en Su gloria y también nos da seguridad. Si nuestra condición legal ante Dios no está basada en lo que hacemos, sino solo en lo que Cristo ha hecho, no podemos hacer nada para salir de Sus manos (Jn 10:27-29; Ro 8:31-39).

Presentarse ante Dios con la mano vacía de la fe que recibe a Cristo requiere que primero renunciemos a todas nuestras pretensiones de ser justos. Debemos soltar nuestras buenas obras, confesar que dependemos totalmente de la misericordia divina y dejar de presentar nuestros logros ante Dios como si Él tuviera la obligación de declararnos justos por nuestra obediencia (Lc 18:9-14).

PARA ESTUDIO ADICIONAL

Miqueas 6:4; Juan 1:17; Romanos 5:1-2; 2 Pedro 3:18

APLICACIÓN

Todos los cristianos verdaderos tenemos el deseo de obedecer a Dios, pero ¿cómo separamos ese deseo de confiar en nuestras propias obras? Sabemos que estamos confiando en nuestra justicia cuando empezamos a pensar que nuestra condición ante Dios se basa en nuestra obediencia. Cuando vemos que estamos pensando así, debemos regresar al evangelio y recordar que nos presentamos sin miedo ante Dios solo porque estamos cubiertos con la obediencia de Cristo.

DÍA 70

LA FE Y LA SANTIFICACIÓN

HECHOS 26:12-18 «… A FIN DE QUE SE CONVIERTAN DE LAS TINIEBLAS A LA LUZ, Y DEL DOMINIO DE SATANÁS A DIOS, PARA QUE RECIBAN, POR LA FE EN MÍ, EL PERDÓN DE PECADOS Y HERENCIA ENTRE LOS QUE HAN SIDO SANTIFICADOS» (V. 18).

S ería difícil que alguien acusara a Martín Lutero de enseñar que somos justificados por nuestras buenas obras, y eso hace notable lo que él dice sobre la fe salvadora y justificadora en la introducción a Romanos, en su traducción de la Biblia. Afirma que, debido a la fe, «les hacemos bien a todos, servimos a todos, sufrimos toda clase de cosas y amamos y alabamos al Dios que [nos] ha mostrado tanta gracia de forma libre, dispuesta y gozosa. Por lo tanto, ¡separar la fe y las obras es tan imposible como separar el calor y la luz del fuego!».

IV

DÍAS 69 Y 70

La afirmación de Lutero nos recuerda que la fe no solo nos lleva a ser declarados justos ante los ojos de Dios, sino que también se traduce en nuestra santificación, que es la transformación interna que experimentamos desde el momento de la conversión. Cuando pensamos en la santificación, debemos notar que la Escritura habla de esta de dos modos. Primero, la Biblia describe la realidad de la santificación posicional o declarativa. Cuando confiamos solo en Cristo para salvación, somos apartados de forma definitiva como el pueblo santo de Dios, como la posesión especial de nuestro Creador (1 P 2:9-10). Somos santos ante los ojos de Dios y estamos marcados para siempre como Suyos. Sin embargo, la Escritura también nos dice que hasta que seamos glorificados, muchas veces no somos santos en la práctica. Por lo tanto, la Palabra de Dios nos llama a cooperar con el Señor en el proceso de la santificación, en el cual morimos cada vez más a nosotros mismos y vivimos cada vez más para Cristo, buscando obedecer en todas las cosas. Puesto que ya hemos sido marcados como santos, tenemos la orden de ser santos, de transformarnos en la práctica en lo que ya somos ante los ojos de Dios (vv. 11-12).

¿Cómo progresa este proceso de santificación? Ya que el pasaje de hoy dice que por la fe en Cristo recibimos «herencia entre los que han sido santificados» (Hch 26:18), la respuesta es que la fe no es menos esencial para nuestra santificación que para nuestra justificación. Debemos creer en Dios para dar frutos para Dios. Nuestro Creador nos llama a hacer muchas cosas que parecen extrañas desde la perspectiva de este mundo. Nos exhorta a no confiar en los príncipes, en nuestras cuentas bancarias ni en nada más en este mundo, sino a creer en Cristo y hacer lo que Él dice aunque sepamos que tendrá un gran costo personal para nosotros (Sal 146:3; Lc 14:25-33). No lo pondremos primero ni sufriremos por causa de Su nombre obedeciendo incluso cuando sea difícil, si no creemos que Él nos dará una recompensa mayor que la que podemos llegar a imaginar (Mr 10:29-31). En otras palabras, sin la fe no podemos pagar el precio del discipulado que es necesario para ser conformados a la imagen de Cristo. Somos justificados por la fe, pero incluso la santificación y las buenas obras que fluyen de nuestra justificación están basadas en la fe.

PARA
ESTUDIO
ADICIONAL

Romanos
6:15-23;
Gálatas 3:2;
2 Tesalo-
nicenses
2:13; Judas
20-21

Incluso nuestra santificación progresiva —la vida de crecimiento en santidad que es el fruto necesario de la justificación— depende de la fe. Mediante la fe, crecemos en Cristo, confiando tan plenamente en las promesas de Dios que terminamos siguiendo Sus mandamientos. Cuando alimentamos nuestra fe con las verdades de la Palabra de Dios, estamos equipándonos para crecer en santidad.

DÍA 71

LA VIDA SEGÚN LA FE

GÉNESIS 22:1-14 «PERO EL ÁNGEL DEL SEÑOR LO LLAMÓ DESDE EL CIELO Y DIJO: "¡ABRAHAM, ABRAHAM!". Y ÉL RESPONDIÓ: "AQUÍ ESTOY". Y *EL ÁNGEL* DIJO: "NO EXTIENDAS TU MANO CONTRA EL MUCHACHO, NI LE HAGAS NADA; PORQUE AHORA SÉ QUE TEMES A DIOS, YA QUE NO ME HAS REHUSADO TU HIJO, TU ÚNICO"» (VV. 11-12).

Si inviertes un poco de tiempo en escuchar los testimonios de las personas que se han convertido a Cristo, probablemente no tendrás que esperar mucho antes de oír que alguien promete que creer en Cristo te facilitará la vida de algún modo. La mayoría de la gente que habla así, o da la impresión de que la vida de la fe es sencilla, está motivada por el deseo de ver la conversión del mayor número de personas posible, así que su forma de hablar de Cristo es entendible. Sin embargo, esas personas hacen un flaco favor a los que están considerando las demandas de Cristo. A decir verdad, confiar en Jesús añade complicaciones a la vida que no teníamos antes de poner nuestra fe en Él. Con frecuencia, en la vida cristiana tenemos que confiar en Dios en situaciones difíciles y debemos creer que las cosas que Él nos ordena terminarán siendo para nuestro bien aunque no podamos entender cómo eso podría ser posible.

La vida de Abraham ilustra este punto. Abraham tuvo que confiar muchas veces en Dios cuando era difícil hacerlo, y en

IV

DÍAS 70 Y 71

ocasiones no le creyó al Señor. Tenía la promesa de que contaría con muchos descendientes, pero cuando parecía que Dios se estaba tardando demasiado en cumplir Su promesa, Abraham tomó el asunto en sus propias manos y concibió a Ismael con Agar, la sierva de su esposa (Gn 15:1-6; 16:1-16). Esta acción nos muestra que para Abraham no era necesariamente más fácil confiar en Dios que para nosotros.

Sin embargo, la máxima prueba de la fe de Abraham llegó años después de concebir a Ismael. Pasaron décadas, pero al fin Sara concibió un hijo y nació Isaac, el hijo de la promesa (21:1-7). La confianza en Dios de la pareja por fin fue reivindicada tras años y años de espera, y nos es difícil imaginar cuánto gozo Isaac les dio a sus padres. Sin embargo, esa confianza muy pronto se vio probada de nuevo, cuando Abraham fue llamado a sacrificar a Isaac, el hijo que había esperado por un tiempo que, sin duda alguna, pareció una eternidad (22:1-2).

Abraham pasó esta prueba, pero es claro que le resultó difícil. No emprendió de inmediato el viaje con Isaac sino que lo postergó hasta la mañana, quizás incluso albergando la esperanza de que Dios se retractara de la prueba (v. 3). Parece que, a la larga, Abraham logró avanzar porque creía que Dios iba a proveer un sustituto para Isaac (v. 8), pero como Dios no le dijo eso de forma explícita, debió haber sufrido una agonía inmensa hasta que, por fin, el Señor proveyó el cordero justo a tiempo (vv. 9-14). Abraham no era un santo sobrehumano; luchó para confiar en Dios cuando parecía imposible hacerlo. Sin embargo, de verdad confió en Dios, transformándose así en un modelo de fe para nosotros.

PARA
ESTUDIO
ADICIONAL

Job 1:20-
21; Habacuc
3:17-18;
Mateo
15:21-28;
Hebreos
11:32-40

APLICACIÓN

La fe auténtica no confía en Dios solo cuando los tiempos son buenos. También le cree a Dios y sigue Su Palabra cuando eso garantiza grandes dificultades. Debes decidir ahora mismo que vas a confiar en Dios incluso cuando sea difícil y debes pedirle al Señor que te dé la valentía, la convicción y el vigor para continuar siguiéndolo aunque eso implique pagar un gran precio.

EL FRUTO DE LA FE

ROMANOS 1:16-17 «MAS EL JUSTO POR LA FE VIVIRÁ» (V. 17).

L a fe genuina en nuestro Creador no es un salto ciego hacia la oscuridad, sino una confianza decidida en Dios que se basa en Su autorrevelación en la naturaleza y la Escritura. No es un acto irracional, sino una convicción fundada en la garantía de la resurrección de Cristo (1 Co 15). Como sabe que el Señor es confiable, la fe se aferra firmemente a Dios incluso en las circunstancias más difíciles, ya que confía en que Él nunca dejará de cumplir Sus promesas (Gn 22:1-14).

La fe es eminentemente racional porque es una fe en la revelación suprema de Dios: Jesucristo. Además, como vemos en los evangelios, los que confían en Jesús nunca siguen siendo los mismos. La fe se traduce en una vida de obediencia a nuestro Creador cada vez mayor, en una disposición a morir más y más a nosotros mismos y a tomar más y más nuestra cruz para seguir a Jesús (Mr 8:34).

En resumen, los justos viven por la fe. Su confianza continua en Dios demuestra que nuestro Señor los considera justos y dan frutos de obras de justicia. Esto es parte de lo que Pablo está diciendo en el pasaje de hoy. Desde luego, nuestros actos de obediencia no son el fundamento por el que somos declarados justos ante los ojos de Dios, pues solo la justicia perfecta de Cristo es la base por la que Él nos acepta (Ro 5:12-21; 2 Co 5:21). Recibimos esa justicia solamente por la fe. Sin embargo, a quienes Dios declara justos, también está conformándolos a la imagen de Su Hijo. La fe continúa después de la conversión, pues nuestra confianza demuestra que hemos sido reconciliados con Él en Cristo y nos lleva a obedecer cada vez más.

Hace algunos días, vimos que uno de los componentes esenciales de la fe salvadora es la *fiducia*, la confianza personal que ponemos en Cristo para que Él nos salve. Sin embargo, la *fiducia* no significa que solo nos encomendamos a Cristo una vez, sino que seguimos haciéndolo durante el curso de nuestra vida.

IV

DÍAS 71 Y 72

Le entregamos nuestra vida a Jesús continuamente, prometiendo que le seremos leales y viviendo esa lealtad. Inspirados por nuestra confianza personal en las promesas de Dios, le somos leales y luchamos por nunca transar nuestra lealtad a Él y Sus caminos.

La lealtad a Dios da fruto en nuestro compromiso continuo con Él, pero también en nuestra lealtad hacia los demás. Los que han sido declarados justos por Dios viven vidas de integridad porque viven por fe, en una confianza y un compromiso permanente hacia Dios. Vivir por fe significa que cumplimos nuestras promesas a Dios y a las demás personas. Significa que los demás pueden confiar en nosotros cuando asumimos un compromiso. Por medio de la fe, estamos siendo conformados a Cristo, el que es eminentemente confiable, así que lo imitamos al volvernos confiables.

PARA
ESTUDIO
ADICIONAL

Josué 2;
Proverbios
2:6-8;
Juan 15:13;
Efesios
4:25

APLICACIÓN

¿Eres una persona confiable? Como los creyentes hemos sido predestinados para ser hechos conforme a la imagen de Cristo (Ro 8:29) y Cristo es supremamente confiable, la evidencia de que estamos creciendo como cristianos es que nos vamos volviendo más confiables. Mientras vivimos por fe, esforcémonos por ser amigos, parientes, trabajadores y ciudadanos más confiables.

Soli Deo gloria –«a Dios solo la gloria»– resume el propósito de la salvación y la enseñanza de toda la Biblia. La mayor motivación de Dios en todo lo que hace es Su propia gloria y es con el propósito de exhibir Su gloria que Él salva a Su pueblo. A fin de cuentas, enfatizamos que el Señor es el único Salvador porque Él es glorificado cuando lo estimamos como el único autor y consumador de la salvación.

Que Dios haga todo para Su propia gloria es lo mejor para nosotros. Como Él es inigualablemente digno y hermoso, el hecho de que Él se magnifique a Sí mismo nos permite ver Su valor y belleza incomparable. Solo Dios puede satisfacernos de forma profunda y eterna, y cuando todas las cosas se hacen para Su gloria, empezamos a entender cuán satisfactorio es Él. Las cosas que no se hacen para la gloria de Dios no podrán perdurar, pero todo lo que se haga para Su gloria será recordado por siempre. Lo más asombroso es que participaremos de la gloria de Dios, de manera que seremos glorificados y la gloria suprema seguirá reservada para Él por siempre. Seremos como Él y lo veremos como Él es.

LA PRIMACÍA DE LA GLORIA DIVINA

ISAÍAS 42:8 «YO SOY EL SEÑOR, ESE ES MI NOMBRE; MI GLORIA A OTRO NO DARÉ, NI MI ALABANZA A IMÁGENES TALLADAS».

U na de las distinciones más básicas que hacemos al considerar la doctrina de Dios es entre Sus atributos comunicables e incomunicables. Los atributos comunicables son los atributos divinos que pueden compartirse de algún modo con los seres humanos. Por ejemplo, Dios puede amar y mostrar misericordia, y los seres humanos también podemos mostrar amor y misericordia. El amor humano y el amor divino son similares, aunque no idénticos. Por otro lado, los atributos incomunicables son los atributos divinos que no se pueden compartir de ningún modo con los seres humanos. La eternidad y la autoexistencia divina son propiedad exclusiva de Dios pues, a diferencia de los seres humanos, Él no tiene principio y no depende de nada más que de Sí mismo para existir.

Cuando hablamos del atributo divino de la gloria, vemos en la Escritura que los seres humanos pueden reflejar la gloria del Señor de algunas formas. Por ejemplo, 1 Corintios 11:7 describe al hombre como «gloria de Dios». Sin embargo la gloria de Dios es incomunicable en otros aspectos. Eso es lo que nos enseña Isaías 42:8 cuando nos dice que nuestro Creador no le dará Su gloria a nadie ni a nada.

El contexto de Isaías 42:8 tiene que ver con la salvación, pues en los versículos 1-7 el Señor dice que Él obra justicia para Su pueblo, abre los ojos de los ciegos y libra a los Suyos de la esclavitud. Dios no compartirá con los demás la gloria revelada en Su obra de salvación. Es Suya y solo Suya, y cualquier intento de sustraer de esa gloria para darle un papel meritorio a los pecadores en su salvación es un pecado grave contra el Señor.

Además, el hecho de que Dios no comparta Su gloria en la salvación con los demás nos muestra cuál es el propósito principal de la salvación. Sería fácil pensar que el fin principal de Dios en nuestra redención es que seamos restaurados. Aunque es indudable que el Señor busca la restauración de Su pueblo en la salvación, Su fin e ímpetu principal al salvar pecadores es Su propia gloria. Él no compartirá esta gloria de la salvación, así que para Él debe ser más preciosa que todo lo demás.

Si el máximo propósito de Dios es promover Su propia gloria inherente —y a fin de cuentas, todo lo que Él hace es para Su propia gloria— ese también debe ser nuestro fin. Debemos dedicar toda nuestra vida a trabajar para engrandecer Su nombre, no el nuestro. No debemos tener ningún otro fin mayor que el de ver la gloria del Señor magnificada y proclamada en todas partes. Ser verdaderos siervos de Dios es buscar Su gloria.

PARA ESTUDIO ADICIONAL

Salmo 57:5;
Isaías
48:1-11;
1 Corin-
tios 10:31;
Judas
24-25

APLICACIÓN

Jesús nos dice que Dios nos da una especie de gloria en la salvación (Jn 17:22), pero no es la clase de gloria divina inherente de la que está hablando Isaías. Hay una gloria que solo le pertenece a Dios, que existía antes de todas las cosas y que es la razón de todas las cosas. Somos llamados a señalar esta gloria ante nuestros amigos y familiares con nuestras palabras y acciones.

DÍA 74

LA LUZ DE LA GLORIA

ÉXODO 34:29-35 «CUANDO MOISÉS DESCENDÍA DEL MONTE SINAÍ CON LAS DOS TABLAS DEL TESTIMONIO EN SU MANO, AL DESCENDER DEL MONTE, MOISÉS NO SABÍA QUE LA PIEL DE SU ROSTRO RESPLANDECÍA POR HABER HABLADO CON DIOS» (V. 29).

Dios aprecia tanto la gloria inherente a Su naturaleza divina que no la comparte con nadie más (Is 42:8). Entre otras cosas, esto nos enseña que el máximo fin del Señor es ver Su gloria revelada en toda la creación y que nosotros también debemos convertir la exaltación de la gloria de Dios en nuestro fin principal. Si el Señor valora Su gloria por sobre todo lo demás,

V

DÍAS 73 Y 74

Su gloria es lo más valioso que existe, y seríamos necios si valoráramos más cualquier otra cosa fuera de lo que nuestro Creador considera más valioso.

Por lo tanto, debemos convertir la exaltación y proclamación de la gloria de Dios en nuestro fin principal, pero eso hace surgir la pregunta de qué es exactamente la gloria de Dios. La respuesta no es sencilla, y lo que podemos decir al respecto es limitado. Sin embargo, la Escritura sí nos revela varios aspectos de la gloria divina, y el pasaje de hoy nos señala uno de los aspectos centrales de esa gloria: una luz brillante y refulgente.

Como vemos en el pasaje de hoy, cuando Moisés se encontraba con el Señor para recibir revelaciones divinas, su rostro brillaba con tanta intensidad que los israelitas no podían tolerar contemplarlo (Éx 34:29-35). Ese resplandor era un reflejo de la gloria divina, lo que está confirmado en pasajes como Apocalipsis 21:23, que dice que la gloria de Dios será la fuente de iluminación en los cielos nuevos y la tierra nueva. Hay un brillo incomparable, una luz blanca y deslumbrante que es inherente al ser de nuestro Creador. De hecho, esta luz es tan increíble que cuando el plan de redención se consume a plenitud y la creación haya sido transformada, la revelación total de esta gloria iluminará todo el universo.

Cuando pensamos en una luz deslumbrante, también pensamos en conceptos como la pureza, la santidad y la verdad. Además, viene a nuestra mente la ceguera asociada al juicio. Esto no es sorprendente, ya que la Escritura también asocia esos conceptos o atributos con la luz (Sal 43:3; Is 6:1-7; Os 6:5; Jn 12:41). Por estas razones, podemos pensar que, en un sentido, la gloria resume todos los atributos divinos. En la luz brillante de la gloria de Dios, encontramos la imagen más completa de Su santidad, Su rectitud, Su verdad, Su justicia... Su mismísimo carácter. Además, como Dios es incomprensible —podemos conocerlo verdaderamente, aunque no de forma plena ni de la manera en que Dios se conoce a Sí mismo— es lógico que nos encontremos con alguna dificultad cada vez que tratamos de describir Su gloria. Podemos decir muchas cosas al respecto, pero hay mucho que no podremos decir hasta que llegue el día en que veamos Su gloria en la nueva creación.

PARA ESTUDIO ADICIONAL

1 Crónicas 29:11; Salmo 57:5, 11; Isaías 60:1-3; 2 Corintios 4:1-6

La Escritura nos da muchos indicios de lo que significa la gloria de Dios pero, al igual que Sus demás atributos, Su gloria no es totalmente comprensible para las criaturas. En el Señor hay grandeza y magnificencia inexpresables, y jamás podremos comprender a Dios completamente, ni siquiera en la eternidad. Debemos exaltar Su gloria porque es el mayor bien y lo único que, a fin de cuentas, puede satisfacer a los seres humanos.

DÍA 75

LA GLORIA DE LA BELLEZA DIVINA

ISAÍAS 28:5 «EN AQUEL DÍA EL SEÑOR DE LOS EJÉRCITOS SERÁ HERMOSA CORONA Y GLORIOSA DIADEMA PARA EL REMANENTE DE SU PUEBLO».

Algo inherente al ser de Dios es Su gloria divina, Su luz refulgente que expresa que Su naturaleza es santa, veraz, recta y justa (Ap 21:23; ver Sal 43:3; Is 6:1-7; Os 6:5; Jn 12:41). Sin embargo, aunque esa luz pura que es más brillante de lo que podemos empezar a imaginar forma parte de lo que define la gloria de Dios, también hay otras formas en que la Escritura habla de Su gloria. Algunos pasajes bíblicos conectan la gloria divina con la belleza de Dios, como vemos en Isaías 28:5.

La belleza divina es algo en que la iglesia moderna no piensa con frecuencia, pero es esencial para el ser del Señor. Nuestro Creador es tan hermoso que el mayor deseo de David era contemplar la hermosura del Señor (Sal 27:4). También vemos lo mucho que Dios valora la belleza en la descripción del tabernáculo y las vestimentas de los sacerdotes. Las vestimentas santas de Aarón estaban hechas «para gloria y para hermosura» (Éx 28:2). El Señor ordenó que el tabernáculo, Su habitación terrenal bajo el antiguo pacto, tuviera colores gloriosos y metales preciosos (Éx 26). Ya que estamos hechos a imagen de Dios (Gn 1:27), los seres humanos valoramos la belleza y nos esforzamos por hermosear nuestras casas, nuestra ropa y otros objetos. Puesto que el propio Dios es

V

DÍAS 74 Y 75

hermoso y es el estándar de la belleza, es inevitable que anhelemos lo que es hermoso.

Ya hemos visto que Dios tiene una gloria divina inherente que no compartirá con ninguna criatura (Is 42:8). Sin embargo, eso no significa que Él no vaya a darle ninguna gloria a Su pueblo. Existe una gloria de hermosura que nuestro Creador dará a Sus hijos, como queda claro en el pasaje de hoy. Esa gloria es Dios mismo, que será una «hermosa corona» y una «gloriosa diadema» para el remanente que salvará (28:5). El Señor ya ha embellecido a Su pueblo vistiéndonos con el manto de la justicia perfecta de Cristo (61:10), pero esa hermosura aún no ha quedado totalmente clara para toda la creación. Sin embargo, en el día final, en nuestra glorificación, toda la creación verá que Dios nos ha declarado justos y hecho Su pueblo, cuando se cumpla la «esperanza de justicia» (Gá 5:5). Ese día, dice Matthew Henry, «Dios se mostrará a favor [de Su pueblo] en Su providencia, de modo que será evidente que ellos tienen Su favor y que Él les será por hermosa corona, pues ¿qué gloria mayor puede tener un pueblo sino que Dios lo reconozca como propio? Además, Él se manifestará en ellos por Su gracia, de modo que será evidente que Su imagen ha sido renovada en ellos y que Él les será por gloriosa diadema, pues ¿qué belleza mayor puede tener una persona sino la hermosura de la santidad?».

PARA
ESTUDIO
ADICIONAL

Éxodo 28:2;
Salmo 96:5-
6; Isaías
4:2-6;
52:1; 60:9;
Romanos
10:15

APLICACIÓN

Dios tiene una hermosura de gloria inherente que no puede compartir con las meras criaturas. Sin embargo, existe una belleza que Él le da a Su pueblo: la hermosura de la justicia perfecta de Cristo, que nos reivindicará como hijos de Dios y ciudadanos de la gloria celestial en el día final. ¿Anhelas el día en que el Señor reivindicará a Su pueblo?

EL ETERNO PESO DE GLORIA

2 CORINTIOS 4:17 «PUES *ESTA* AFLICCIÓN LEVE Y PASA-
JERA NOS PRODUCE UN ETERNO PESO DE GLORIA QUE SOBRE-
PASA TODA COMPARACIÓN».

L a Escritura asigna un gran valor a la gloria de Dios y no
es difícil entender por qué. Como la gloria inherente del
Señor es algo que Él no compartirá con nadie (Is 42:8),
sabemos que la valora mucho; de hecho, la valora más que cualquier otra cosa. Por lo tanto, la gloria de Dios debe ser el fin y el
énfasis primordial de nuestra vida. Todo lo que perdamos para dar
a conocer la gloria del Señor valdrá la pena cuando veamos la luz
deslumbrante y la hermosura de la gloria divina (28:5; Ap 21:23).

La gloria tiene que ver con la luz y la hermosura, pero esos aspectos no agotan todo lo que quiere decir la Biblia cuando habla de
la gloria de Dios. Curiosamente, la palabra hebrea *kabod*, que se
ha traducido al español como «gloria», tiene el sentido básico de
«peso» o «pesadez». Este es un indicio de que la gloria tiene que
ver con el peso, y eso se confirma en pasajes como 2 Corintios
4:17 que habla del «peso de gloria».

Pero ¿qué es exactamente lo que decimos al afirmar que la gloria
tiene que ver con peso o pesadez? En esencia, estamos hablando
de valor o dignidad. Las cosas de valor —por ejemplo, las piedras
preciosas como los diamantes— suelen ser medidas por su peso.
La Escritura habla a menudo del peso de los metales preciosos
para referirse a precios o cuando trata de medir la generosidad
y las riquezas (Gn 23:16; 24:22). Por lo tanto, la gloria y el valor
son conceptos correlativos. Dios tiene una gloria que sobrepasa
la de cualquier otra cosa que exista porque Su valor y dignidad
son infinitos.

Por ende, cuando le atribuimos gloria a Dios, estamos atribuyén-
dole valor a Él. Estamos hablando con los demás de Su dignidad y
valor inigualable. Esto, a su vez, debe moldear lo que hacemos en
Él y para Él. Nuestra adoración debe manifestar una gran belleza
y reverencia, pues el ser más digno merece ese tipo de adoración.

PARA
ESTUDIO
ADICIONAL

2 Samuel
22:4; Salmo
73:25-26;
Colosenses
1:9-12;
Apocalip-
sis 4:11

Las perfecciones del Señor deben estar constantemente en nuestros labios, pues si de verdad valoramos algo no dejaremos de hablar de eso con los demás. Si el valor y la dignidad de Dios son infinitos, debemos hablar de Su carácter maravilloso. Ya que tenemos que hacer todas las cosas para la gloria de Dios (1 Co 10:31), debemos tener un estándar alto para nuestro trabajo y la forma en que tratamos a los demás. Trabajar e interactuar con otras personas para la gloria de Dios significa hacer las cosas bien y amar a las personas de la manera correcta, pues buscamos ofrecernos como sacrificios vivos para Aquel que es infinitamente digno (Ro 12:1-2).

APLICACIÓN

¿Cuánto valor le asignas al Señor? Tendemos a pasar mucho tiempo pensando y trabajando por aquello que valoramos mucho, por lo que la cantidad de tiempo que dedicamos a pensar en la gloria de Dios, y a hablar de esta con los demás, puede indicar qué tan digno consideramos a Dios. Debemos buscar glorificar a Dios y ayudar a los demás a entender Su valor infinito.

DÍA 77

LA GLORIA Y LA PUREZA

JUAN 12:41 «ESTO DIJO ISAÍAS PORQUE VIO SU GLORIA, Y HABLÓ DE ÉL».

En Juan 12:41, encontramos una afirmación interesante: que Isaías vio la gloria de Jesús. Es posible que nos preguntemos cómo puede ser eso si Isaías vivió unos setecientos años antes de la vida y el ministerio de Cristo. Sin embargo, el contexto nos ayuda a entender con exactitud de qué está hablando Juan. Juan 12:39-40 hace referencia a Isaías 6:10 y al mensaje que recibió el profeta cuando fue llamado al ministerio y vio una gran visión de la santidad de Dios. Isaías vio la gloria de Dios (ver Is 6:1-7), y Juan nos dice que, al ver la gloria de Dios en ese instante, el profeta vio la gloria de Jesús. Este es un indicador fuerte de la deidad de Cristo, pues si Isaías vio la gloria de Jesús al ver la gloria y la santidad del Señor, el profeta debió haber visto al Hijo preencarnado de Dios.

Sin embargo, si Isaías vio la gloria de Dios cuando tuvo la visión del Señor en Su santidad majestuosa, eso también le da forma a nuestra definición de la gloria de Dios. Es decir, cuando la Biblia habla de la gloria de Dios también está haciendo referencia a Su santidad, y lo hace en los dos sentidos primordiales del concepto de la santidad. Primero, la santidad se refiere a estar «apartado». Ser santo es estar apartado de lo común, y si la gloria inherente de Dios es algo que Él no comparte con nadie (42:8), entonces, en Su gloria, nuestro Creador está apartado de todo lo demás. La santidad también se emplea en la Escritura para aludir a la pureza moral. Por lo tanto, la gloria de Dios va de la mano con Su pureza. La luz hermosa de la gloria divina es deslumbrantemente pura porque nuestro Creador es perfectamente puro y está libre de toda mancha de maldad: «Dios es luz, y en Él no hay tiniebla alguna» (1 Jn 1:5). Nuestro Creador no puede ser tentado por el mal ni usa el mal para tentar a nadie (Stg 1:13). Dios es totalmente puro y libre de pecado; de hecho, es tan puro que ni siquiera es capaz de pecar. Esta santidad coincide con Su gloria.

El hecho de que la luz de la gloria de nuestro Señor vaya de la mano con Su santidad perfecta nos ayuda a explicar pasajes como Juan 3:19. Al asumir la carne humana, Dios se encarnó en la persona de Jesucristo y vino al mundo como la luz del mundo. Sin embargo, el resultado fue que confirmó el juicio de los impíos, pues ellos, siendo malos, amaron las tinieblas en lugar de la luz. Las tinieblas del mal no pueden tolerar la luz de la gloria de Dios pues esta es la luz de Su santidad. Solo cuando el pecado de las personas ha sido expiado, ellas pueden estar de pie en presencia de la gloria divina (Is 6:1-7). Debemos ser purificados para soportar la gloria de Dios (He 12:14).

PARA ESTUDIO ADICIONAL

Isaías 10:17; Ezequiel 28:20-22; Juan 8:12; Romanos 13:12

V
—

DÍAS 76 Y 77

APLICACIÓN

No amaremos lo que es santo si Dios no nos hace santos, y en Cristo, el Señor no solo nos declara justos en nuestra justificación sino que también nos purifica en nuestra santificación. Si confiamos en Jesús, podremos sobrevivir a Su presencia en el día final. Y mientras busquemos crecer en santidad, amaremos cada vez más esa santidad y creceremos en nuestro anhelo de ver la gloria de Dios.

LA GLORIA SOBERANA DE DIOS

SALMO 8 «¡OH SEÑOR, SEÑOR NUESTRO, CUÁN GLORIOSO ES TU NOMBRE EN TODA LA TIERRA, QUE HAS DESPLEGADO TU GLORIA SOBRE LOS CIELOS!» (V. 1).

Uno de los lemas de la Reforma fue *post tenebras lux*, «después de las tinieblas, luz». Durante mucho tiempo, la luz de la verdad de Dios en el evangelio había sido oscurecida por tradiciones humanas que le daban al hombre la responsabilidad de merecer su propia salvación. Por lo tanto, cuando los reformadores rescataron el evangelio de debajo de las capas de las doctrinas y prácticas que habían heredado del hombre, fue como si una luz hubiera vuelto a irradiar en la iglesia.

También podemos ver el lema de la Reforma como un redescubrimiento de la gloria verdadera de Dios. La Escritura suele describir la gloria de Dios como una luz brillante y resplandeciente (Ap 21:23), y como esa gloria divina también está asociada con la hermosura, el valor y la santidad (Is 28:5; Jn 12:41; 2 Co 4:17), redescubrir la verdad del evangelio implicó redescubrir la belleza, el valor y la santidad divina, pues el Dios de la Escritura proclamado por los reformadores es tan santo que solo Él puede darnos la justicia que necesitamos para estar de pie ante Él. Además, en Su obra de salvación vemos la belleza del Salvador y entendemos por Su gracia que solo Él es digno de toda alabanza.

Aparte de la luz, la hermosura, el valor y la santidad, la Escritura también asocia la soberanía divina con la gloria de Dios. Vemos esto en el pasaje de hoy, que proclama que Dios ha puesto Su gloria «sobre los cielos» (Sal 8:1). Ese lenguaje está ligado al régimen y al reinado de nuestro Creador, y el resto del Salmo 8 respalda esa idea. Por ejemplo, los versículos 3-8 hablan de la decisión soberana por la que Dios quiso darle al ser humano un lugar sublime en Su creación y delegar a la humanidad Su gobierno sobre las criaturas.

Otros pasajes también vinculan la gloria con la soberanía divina. En 1 Crónicas 29:11, tenemos un cántico de alabanza en que David atribuye a Dios la gloria y el gobierno real de la creación. En 1 Tesalonicenses 2:12, Pablo dice que Dios nos llama a Su reino y a Su gloria. En 1 Timoteo 1:17, el Señor es descrito como el «Rey eterno» y el pasaje le atribuye la gloria. La gloria de Dios se expresa en Su gobierno soberano sobre todas las cosas.

Ya hemos dicho que, en un sentido, la gloria de Dios puede considerarse un atributo sumario. Resume muchos aspectos distintos del carácter del Señor, así que decir que Dios es glorioso equivale a decir que es hermoso, veraz, digno, puro y soberano. Los cristianos anhelan ver la gloria de Dios porque en esta contemplan la naturaleza y los atributos de Dios.

PARA ESTUDIO ADICIONAL

Éxodo 15:18; Salmo 24:7-10; Lucas 19:37-38; Apocalipsis 11:15-19

APLICACIÓN

Como Dios es glorioso, es soberano sobre todas las cosas. Como Dios es soberano sobre todas las cosas, es glorioso. No podemos separar estos atributos de Su carácter, y una de las razones por las que enfatizamos la soberanía total de Dios sobre cada detalle de la creación es que queremos subrayar Su gloria. Glorificamos más a Dios cuando le atribuimos el control pleno de todas las cosas, incluso de nuestra salvación.

DÍA 79

LA GLORIA DE DIOS Y NUESTRO GOZO

SALMO 105:3 «GLORÍENSE EN SU SANTO NOMBRE; ALÉGRESE EL CORAZÓN DE LOS QUE BUSCAN AL SEÑOR».

V

DÍAS 78 Y 79

Jonathan Edwards, quien es ampliamente considerado uno de los pensadores protestantes más importantes de los últimos trescientos años, es conocido por su énfasis en la gloria de Dios. En su libro *The End for Which God Created the World* [*El fin por el cual Dios creó el mundo*], Edwards observa que el hecho de que Dios busque Su propia gloria no es contrario a nuestra felicidad. En realidad, al buscar desplegar la plenitud de Su gloria, el Señor está buscando nuestro gozo al mismo tiempo.

¿Cómo puede ser eso? Ya que el fin supremo de nuestro Dios es revelar Su gloria —hace todas las cosas por causa de Su nombre y no comparte Su gloria divina inherente con nadie más (Is 48:9-11)—, Su gloria debe ser el mayor bien posible. A fin de cuentas, ¿qué es lo que el Creador perfectamente bueno podría poner en primer lugar sino el máximo bien? Pero si la gloria de Dios es el mayor bien posible, encontraremos nuestro mayor gozo en la revelación y proclamación de esa gloria, pues nada que existe es mayor que Su gloria, así que no hay nada que pueda darnos más gozo.

El pasaje de hoy demuestra la conexión entre la gloria de Dios y nuestro gozo. El salmista hace un llamado a que el pueblo de Dios se gloríe en Su santo nombre, a que se deleite en la revelación de Su carácter santo y a que entienda la bondad y hermosura del Señor. Esta exhortación va de la mano con el llamado del salmista a que los que buscan al Creador se regocijen (Sal 105:3). Buscamos al Señor cuando nos gloriamos en Su nombre, y cuando nos gloriamos en Su nombre, nos regocijamos, pues buscar la gloria de Dios es el propósito para el cual fuimos hechos. Como explica Isaías 43:1-7, Dios hizo a Su pueblo por causa de Su gloria.

Como los que creemos solo en Cristo para salvación somos el pueblo de Dios, también tenemos la certeza de que Él puede presentarnos sin mancha en presencia de Su gloria con gran alegría (Jud 24). Sin lugar a dudas, nuestro Señor será glorificado, y será glorificado en Su ira y en Su salvación. Para quienes no conocen a Dios en Cristo, la revelación de Su gloria será un día de perdición, no un día de gran alegría (Ez 30:3). Sin embargo, para quienes han sido redimidos por la sangre del Cordero de Dios, será un día de gozo inigualable.

Por lo tanto, buscar la gloria de Dios no es algo opuesto a nuestro gozo. A fin de cuentas, cuando nos negamos a nosotros mismos por causa de la gloria del Señor no estamos renunciando a nada, pues experimentaremos la plenitud del gozo eterno en Su presencia gloriosa.

PARA ESTUDIO ADICIONAL

Salmo 149; Isaías 41:14-16; Romanos 5:1-2; 1 Pedro 1:3-9

Por toda la eternidad, encontraremos nuestro gozo en la gloria infinita de Dios. Proclamamos el evangelio y llamamos a la gente a postrarse ante la gloria del Señor, pero no solo porque Él nos ha mandado a hacerlo, sino también porque sabemos que solo los redimidos gozaremos del mayor gozo posible para los seres humanos en presencia de la gloria de Dios. Al compartir el evangelio debemos llamar a la gente a arrepentirse por causa de su propio gozo eterno.

DÍA 80

LA GLORIA CONSUMIDORA DE DIOS

ÉXODO 33:17-23 «Y AÑADIÓ [EL SEÑOR]: "NO PUEDES VER MI ROSTRO; PORQUE NADIE ME PUEDE VER, Y VIVIR"» (V. 20).

L uego de que Israel cometió idolatría con el becerro de oro (Éx 32), Moisés quiso tener la certeza de que Dios no iba a destruirlos por completo sino que iría con el pueblo y se mantendría con ellos para apartarlos de las demás naciones (33:12-16). El Señor, por Su gracia, le ratificó a Moisés que permanecería con Israel, pero entonces Moisés le hizo una petición notable: solicitó ver la gloria divina (vv. 17-18).

Esta petición era increíble por varios motivos. Para empezar, nos muestra que la verdadera fuente de nuestra seguridad es Dios mismo. Moisés ya había visto el acto poderoso de salvación divina cuando Dios libró a Israel de los egipcios al cruzar el mar Rojo (cap. 14). Sin embargo, debido al pecado de Israel, Moisés buscó una mayor certeza de que el Señor no violaría Su pacto con Su pueblo aunque ellos habían violado el pacto con Él. La única certeza que podía satisfacer a Moisés era la de tener una visión de Dios mismo.

En segundo lugar, la petición de Moisés es notable porque Dios la respondió revelando una verdad esencial sobre Su gloria: que esta lo consume todo. Como vemos en el pasaje de hoy, el Señor

V

DÍAS 79 Y 80

accedió a mostrarle Su bondad a Moisés, pero no a mostrarle Su rostro de forma directa pues nadie puede ver el rostro de Dios —la plenitud de Su gloria— de forma directa y vivir (33:19-20). Moisés iba a tener que contentarse con una revelación más indirecta de la gloria divina. Iba a ver las «espaldas», pero no el «rostro» del Señor (vv. 21-23). Como «Dios es espíritu, y no tiene cuerpo como los hombres» (Catecismo Infantil, pregunta 9; ver Jn 4:24), sabemos que los términos «espaldas» y «rostro» son antropomórficos. El Señor no tiene rostro ni espaldas como nosotros en un sentido literal, sino que estas son metáforas que representan una visión directa de la gloria de Dios (rostro) y una visión menor e indirecta de la misma gloria (espaldas).

El Señor mostró Su gracia al otorgarle su petición a Moisés y permitir que solo viera Su gloria de forma indirecta. De hecho, un día veremos el rostro glorioso de Dios, pero eso no podrá ocurrir hasta que todo pecado haya sido quitado de nosotros. Veremos a Dios porque seremos como Él en el día final (1 Jn 3:2), pero hasta entonces, si un pecador quisiera verlo de forma directa, sería consumido. El Señor en Su gloria es un fuego consumidor (He 12:29), así que el pecado y los pecadores no pueden sostenerse en Su presencia. Juan Calvino comenta que hasta que seamos totalmente renovados a la imagen de Dios en nuestra glorificación, «el brillo incomprensible [de la gloria divina] necesariamente nos dejaría reducidos a nada».

PARA ESTUDIO ADICIONAL

Números 16; Deuteronomio 4:24; Salmo 21:8-9; Hebreos 10:26-31

APLICACIÓN

El hecho de que Dios en Su gloria sea un fuego consumidor debe moldearnos de muchas formas. Debe darnos más reverencia en la adoración y más humildad en la oración, pues el Dios con el que estamos tratando no es alguien con quien podamos jugar. Es el Señor santo del universo y debe ser tratado con la deferencia y el honor que merece. Nos ama profundamente, pero sigue siendo nuestro Rey y Soberano.

LA GLORIA DE DIOS COMO CREADOR

APOCALIPSIS 4:11 «DIGNO ERES, SEÑOR Y DIOS NUESTRO, DE RECIBIR LA GLORIA Y EL HONOR Y EL PODER, PORQUE TÚ CREASTE TODAS LAS COSAS, Y POR TU VOLUNTAD EXISTEN Y FUERON CREADAS».

Siguiendo con nuestro estudio sobre la gloria de Dios, hoy partiremos señalando que existen al menos dos ángulos desde los que podemos abordar el tema de la gloria divina. Nos hemos enfocado en lo que podríamos describir como el «ángulo divino». En otras palabras, podemos hablar sobre la gloria de Dios desde la perspectiva que define qué es la gloria y cómo se manifiesta en el carácter de nuestro Señor. Sin embargo, también podemos hablar sobre la gloria de Dios desde un «ángulo humano». Aquí estamos pensando más en la respuesta humana a la gloria divina. Por ejemplo, no podemos avanzar mucho en la lectura de la Escritura sin encontrar una exhortación a que la gente le «dé gloria» a Dios (p. ej., Jos 7:19).

¿Qué significa darle gloria a nuestro Creador? Básicamente, dar gloria implica tratar a Dios con la seriedad que Él merece. Dios tiene peso infinito —es decir, valor infinito— y debemos responder en consecuencia. Ya que el Señor es infinito en Sus perfecciones (Job 37:16; Ro 11:33), no podemos añadirle gloria, así que darle gloria no significa aumentar Su gloria ni suministrar gloria que Él no tenga. Sin embargo, sí podemos honrar a Dios. Podemos acercarnos a Él con la alabanza que merece. Así es como le damos gloria.

A Dios se le debe dar gloria por lo que es, pero las Escrituras también nos dicen que debemos dar gloria al Señor por lo que ha hecho. Un ejemplo de esto se encuentra en Apocalipsis 4:11, donde los ancianos y las criaturas en el cielo proclaman que Dios es digno de recibir gloria porque Él creó todas las cosas por Su voluntad. El Señor es la fuente de la existencia, Aquel que tiene el ser en Sí mismo, por lo que le da el ser o la existencia a todo lo demás. Él es autoexistente: no depende de nada más para Su existencia, pero Su creación es dependiente, por lo que no existiría ni podría existir si Él no le hubiera dado existencia por Su beneplácito. Solo Dios puede hablarle a la nada y hacer que las cosas existan (He 11:3).

Sería necesario un ser de valor inigualable, un ser perfectamente poderoso —de hecho, todopoderoso— para que le diera existencia a algo que antes no tenía existencia. Dios no solo reagrupó la materia que ya existía para crear el universo; Él le dio existencia a la materia misma. Por lo tanto, Dios posee una gran gloria como Creador de todas las cosas, y ya que Él creó todas las cosas en Su gloria, merece recibir gloria de nuestra parte. Somos Sus criaturas; Él es nuestro Creador. Por ende, nuestro máximo honor y alabanza deben estar dirigidos solo a Él. No podemos reverenciar nada por encima de Dios, pues no hay nada mayor que nuestro Creador.

PARA
ESTUDIO
ADICIONAL

Génesis
1:1; Salmo
90:1-2;
Isaías
40:28;
43:15;
45:7,
18-19;
Colosenses
1:15-16

APLICACIÓN

Es fácil que demos por sentada la existencia del universo, que pensemos que tenemos derecho a las cosas solo porque existen. Sin embargo, no existiría nada si Dios no hubiera creado el universo, así que constantemente debemos darle la gloria a Dios por Su creación, por crearnos a nosotros y por hacer todo lo que disfrutamos. ¿Has glorificado hoy a Dios por ser tu Creador?

DÍA 82

LA GLORIA DE DIOS EN LA SALVACIÓN

ROMANOS 9:22-24 «¿Y QUÉ, SI DIOS, AUNQUE DISPUESTO A DEMOSTRAR SU IRA Y HACER NOTORIO SU PODER, SOPORTÓ CON MUCHA PACIENCIA A LOS VASOS DE IRA PREPARADOS PARA DESTRUCCIÓN? *LO HIZO* PARA DAR A CONOCER LAS RIQUEZAS DE SU GLORIA SOBRE LOS VASOS DE MISERICORDIA, QUE DE ANTEMANO ÉL PREPARÓ PARA GLORIA, *ES DECIR*, NOSOTROS, A QUIENES TAMBIÉN LLAMÓ, NO SOLO DE ENTRE LOS JUDÍOS, SINO TAMBIÉN DE ENTRE LOS GENTILES».

I saías 42:8 nos dice que Dios no compartirá Su gloria divina inherente con ninguna criatura y hemos visto que Su reticencia a compartir Su gloria se manifiesta de forma especial en Su obra de salvación. El contexto de Isaías 42:8 deja eso claro, pues los versículos 1-7 hablan de la obra de redención de Dios, cuando Él liberta a los cautivos y da vista a los espiritualmente ciegos. Solo Dios recibirá la gloria de nuestra salvación pues la salvación es una manifestación de Su gloria. En un sentido, Su omnipotencia, Su misericordia, Su amor y Su santidad se resumen en Su gloria y todos estos atributos se exhiben en Su obra de salvación.

El pasaje de hoy nos ayuda a entender este punto con más profundidad. Al presentar la doctrina de la predestinación divina, Pablo explica que Dios redime a algunos pecadores y endurece a otros para exhibir plenamente «las riquezas de Su gloria sobre los vasos de misericordia» (Ro 9:22-23). El fin principal de nuestro Señor es revelar y magnificar Su propia gloria, y la gloria de Dios se aprecia en Su misericordia, pero también en Su justicia. Primero, en el caso de los elegidos, Dios muestra Su gloria en Su misericordia. Al salvarnos del pecado y de la muerte, nuestro Creador se revela como nuestro Salvador y recibe gloria por Su obra salvadora. Además, como solo somos redimidos debido a Su bondad y no por nada que haya en nosotros, el crédito y la gloria de la salvación son solo Suyos y no nuestros. Su poder, Su misericordia y otros atributos divinos se exhiben cuando Él nos salva.

Sin embargo, Romanos 9:22-24 demuestra también que la paciencia de Dios con los réprobos, los que no han sido escogidos para salvación, también exhibe las riquezas de la gloria divina. ¿Cómo es eso posible? Para empezar, la forma en que Dios trata a los «vasos de ira» nos muestra la gloria divina, pues ese trato manifiesta Su justicia. Los elegidos verán al Señor condenando con justicia a los impenitentes y eso los hará apreciar con más claridad Sus atributos de justicia y rectitud, y también servirá como una revelación más plena de Su carácter y Su gloria.

En segundo lugar, el contraste entre la forma en que el Señor trata a los elegidos y a los reprobados muestra las riquezas de la gloria divina, pues nos presenta una imagen más plena de la

V

DÍAS 81 Y 82

PARA
ESTUDIO
ADICIONAL

Éxodo 15:2;
Salmo
106:47;
Lucas
2:25-32;
2 Timoteo
2:10

misericordia de Dios. Cuando entendemos que no merecíamos la salvación más que los reprobados, nos asombra que Dios nos haya redimido. Juan Calvino comenta: «La grandeza de la misericordia divina hacia los elegidos se revela con más claridad de esta forma, pues ¿en qué se diferencian [de los reprobados] sino en que el Señor los ha librado del mismo abismo de destrucción? Y eso no por mérito de ellos, sino por Su bondad gratuita».

APLICACIÓN

Cuando damos por sentada nuestra salvación, damos por sentada la gloria de Dios y oscurecemos Su misericordia. Sin embargo, si buscamos entender la profundidad de nuestro pecado y la misericordia pura de Dios, lograremos entender mejor la gloria del Señor. Medita en las riquezas de la gracia divina hoy para que veas con más claridad lo rica que es la gloria de Dios.

DÍA 83

LA GLORIA DE DIOS EN EL JUICIO

ISAÍAS 66:15-24 «PERO YO CONOZCO SUS OBRAS Y SUS PENSAMIENTOS. LLEGARÁ *EL TIEMPO* DE JUNTAR A TODAS LAS NACIONES Y LENGUAS, Y VENDRÁN Y VERÁN MI GLORIA» (V. 18).

P odemos describir en tres formas básicas cómo la gente conoce al único Dios verdadero. En primer lugar, todas las personas lo conocen como Creador. Él hizo al mundo de la nada y se revela de tal modo en el mundo que todas las personas tienen, a lo menos, una cierta conciencia de Sus atributos y, por ende, un cierto conocimiento de que Él es el Señor de la gloria (Sal 19; Ro 1:18-32). En segundo lugar, los que confían solo en Cristo para su salvación conocen al único Dios verdadero como Salvador. Como son pecadores indignos, conocen la misericordia que Dios mostró al redimirlos y gracias a ese conocimiento entienden mejor Su gloria (Ro 9:22-24). Por último, los pecadores impenitentes no conocen a Dios como Salvador, sino solo como

Juez. Por mucho que traten de negarlo, conocen su pecado y saben que viene un día de juicio (Ro 2:1-16). El pasaje de hoy nos dice que en ese día de juicio toda la gente verá la gloria de Dios manifestada en Su juicio final contra la impiedad.

Isaías proclama el día venidero en que «el Señor juzgará [...] a toda carne» (Is 66:15-16). Ese día, nada escapará de la mirada de Dios, pues Él conoce las «obras» y los «pensamientos» de todas las personas (v. 18). Además, en ese día, la mera observancia de rituales o la religiosidad externa no salvarán a nadie, porque Dios acabará con los impíos, tanto con aquellos que externamente aparentan tener fe como con aquellos que rechazan Su pacto abiertamente (v. 17).

Sin embargo, ese día no será sombrío para todos, ya que será de salvación para los que conocen a Cristo, pues Dios ya pronunció juicio sobre Su pueblo: los ha declarado justos por la justicia imputada de Cristo (Ro 5:1-2; 2 Co 5:21). De este modo, muchas naciones vendrán a Dios en Cristo y serán recibidas como Sus sacerdotes, como los que han heredado el derecho de estar sin miedo en Su santa presencia. Todos los demás, los que no están en Cristo por la fe sola, recibirán el juicio en ese momento, un juicio de condenación (Is 66:18-24).

Ese día, Dios manifestará Su gloria. Todas las naciones la verán (v. 18), y todas ellas la proclamarán (v. 19), pues el Creador no solo recibe gloria cuando crea y salva personas, sino también cuando ejecuta Su justo juicio. Ese día de juicio magnificará la gloria del Señor, pues veremos el atributo de Su justicia en toda su plenitud, y todas las bocas se cerrarán, ya que serán incapaces de alegar que hay injusticia en Dios porque será sumamente evidente bajo la ley divina que no hay ninguna injusticia en nuestro Señor (Ro 3:19). Dios mostrará Su gloria al final.

PARA ESTUDIO ADICIONAL

Isaías 66:15-24; Ezequiel 39; Mateo 25:31-46; Apocalipsis 16:4-7

APLICACIÓN

En el último día, la gloria de Dios se exhibirá cuando Él lleve a cabo el juicio final. En ese día, todo el mundo verá Su justicia cuando todo se rectifique y los impíos reciban el pago que merecen. Glorifiquemos a Dios por Su justicia y oremos para que llegue pronto el día en que se revelará a plenitud.

V

DÍAS 82 Y 83

CRISTO, LA GLORIA DE DIOS

HEBREOS 1:3 «ÉL ES EL RESPLANDOR DE SU GLORIA Y LA EXPRESIÓN EXACTA DE SU NATURALEZA, Y SOSTIENE TODAS LAS COSAS POR LA PALABRA DE SU PODER. DESPUÉS DE LLEVAR A CABO LA PURIFICACIÓN DE LOS PECADOS, EL HIJO SE SENTÓ A LA DIESTRA DE LA MAJESTAD EN LAS ALTURAS».

Como hemos visto, la gloria divina suele presentarse como una luz deslumbrante que veremos plenamente en el día final (Ap 21:23). Por ahora, está velada en buena parte para nosotros, pues aún no vemos a Dios cara a cara. Sin embargo, debes notar que hemos dicho que esta gloria está velada en buena parte para nosotros, no que está velada en su totalidad. Es posible que ahora, por medio de la fe, veamos algo de la gloria de Dios.

Esta es una de las implicaciones del pasaje de hoy, que nos dice que Cristo «es el resplandor de Su gloria y la expresión exacta de Su naturaleza» (He 1:3). Si queremos saber cómo es Dios, debemos mirar a Cristo, pues Cristo es Dios encarnado (Fil 2:5-11). Vemos en Jesús la imagen más completa de la paciencia divina, el amor divino, la ira divina y la santidad divina.

Sin embargo, puede que nos preguntemos cómo es posible que eso también sea cierto de la gloria de Dios. Después de todo ¿acaso el Hijo de Dios no veló Su gloria cuando asumió la carne humana? Si estamos hablando de la revelación de la gloria divina como una luz pura y deslumbrante, la respuesta es que sí. Fuera de Pedro, Jacobo y Juan en la transfiguración, ninguna de las personas que vieron a Cristo durante Su ministerio terrenal vio la luz de la gloria divina (Mt 17:1-2). Sin embargo, aunque Jesús veló la luz de Su gloria, sí ejerció otros atributos divinos, como Su soberanía sobre la creación cuando calmó la tempestad (Mr 4:35-41). Como también hemos visto que la gloria de Dios es, en un sentido, la suma de Sus atributos, cada vez que Jesús ejerció Sus atributos divinos, la gente vio algo de la gloria de Dios.

¿Y qué de los que vivimos hoy, dos mil años después del ministerio terrenal de Cristo? ¿Vemos nosotros la gloria divina? No, no vemos la plenitud de la gloria divina y no la veremos hasta que nos encontremos con Dios cara a cara, y toda la luz de Su belleza y majestad sea evidente para nosotros. Sin embargo, como Cristo es el resplandor de la gloria divina (He 1:3), es posible que vislumbremos esa gloria, no con nuestros ojos físicos, sino con nuestros ojos espirituales: con los ojos de la fe. Cuando leemos la Escritura y creemos lo que dice sobre Jesús y sobre el ejercicio de Sus atributos y prerrogativas divinas, estamos observando la gloria de Dios por medio de la fe. Conocer a Cristo por fe es conocer a Dios mismo, y conocer a Dios es conocer algo de Su naturaleza divina, lo que incluye Su gloria. Juan Calvino comenta: «Dios se da a conocer de forma genuina y real en Cristo, pues Él no es Su imagen oscura o sombría, sino una estampa que se asemeja a Él como el dinero al troquel con el que fue acuñado».

PARA
ESTUDIO
ADICIONAL

Miqueas
5:2;
2 Corin-
tios 4:6;
1 Pedro
4:13;
2 Pedro
1:16-18

APLICACIÓN

Hoy en día, vemos algo de la gloria de Dios por fe cuando confiamos en Jesús. Un día, veremos esta gloria en el sentido más pleno en que las criaturas somos capaces de verla, pues en aquel día veremos a Cristo por vista y no solo por fe. Pero eso no significa que no obtengamos un destello verdadero de la gloria de Dios ahora cuando miramos a Cristo. Además, a medida que crecemos en nuestro conocimiento de Cristo, también crecemos en nuestro anhelo por ver la plenitud de la gloria divina.

DÍA 85

LA IGLESIA COMO LA GLORIA DE DIOS

JUAN 17:22 «LA GLORIA QUE ME DISTE LES HE DADO, PARA QUE SEAN UNO, ASÍ COMO NOSOTROS SOMOS UNO».

 n Su naturaleza divina, Cristo «es el resplandor de [la] gloria [de Dios]» (He 1:3). Ya que es completamente divino (Jn 1:1), la naturaleza divina de nuestro Salvador posee todos

V

DÍAS 84 Y 85

los atributos de Dios, incluyendo el de la gloria. Además, como en un sentido podemos decir que esa gloria divina es la suma de todos los atributos de Dios, cada momento en que Cristo ejerció Sus atributos divinos durante Su ministerio nos brinda, por fe, al menos un atisbo de la gloria divina.

Sin embargo, Cristo no solo es la gloria de Dios en Su naturaleza divina, ya que en cierto sentido también es la gloria de Dios en Su naturaleza humana. Por ejemplo, considera el pasaje de hoy. Jesús habla de una gloria que le fue dada por el Padre y que luego Él comparte con los creyentes (Jn 17:22). Como es obvio, no puede estar hablando de la gloria divina inherente, pues solo Dios puede poseer esa gloria. No, Jesús está hablando de algo que le ha sido dado a Su naturaleza humana y que luego puede compartirse con Su pueblo porque nosotros también tenemos una naturaleza humana. Esta gloria no es idéntica a la gloria divina inherente, pero está tan estrechamente relacionada con esta que la gloria que nos es dada en Cristo también puede ser llamada la gloria de Dios. Juan Calvino comenta: «Cristo no solo es la imagen viva de Dios porque es Su Palabra eterna, sino que incluso en Su naturaleza humana, que tiene en común con nosotros, ha sido grabada la semejanza de la gloria del Padre, de modo que moldea a Sus miembros para que se asemejen a ella».

A fin de cuentas, la clase de gloria de la que estamos hablando es una gloria derivada, una gloria que no es inherente a la humanidad, pero que en un comienzo fue estampada en toda la gente como parte de lo que es ser hechos a imagen de Dios (Gn 1:26). Esa gloria se desfiguró en la caída y está siendo restaurada a su plenitud en los que están unidos a Cristo por la fe sola (2 Co 3:18). Por lo tanto, la iglesia puede ser descrita como la gloria de Dios en el sentido de que Dios está renovando nuestra imagen al compartir con nosotros la gloria que Él le dio a Cristo. Cuando la iglesia cumple su misión, los incrédulos pueden contemplarla y decir: «Dios está obrando allí» (ver Jn 13:34-35). La iglesia refleja la gloria divina y cuando crecemos en semejanza a Cristo apuntamos a los demás en dirección a Dios, la fuente de toda gloria. Eso debe ser al menos parte de lo que Jesús dice en Mateo 5:14-16, donde nos llama la luz del mundo. Cuando nos amamos los unos a los otros y gozamos de la presencia de Dios en medio nuestro, nuestra luz brilla ante los demás y los dirige hacia el Señor en el cielo.

PARA ESTUDIO ADICIONAL

Isaías 46:13; Juan 5:30-47; 1 Corintios 11:7; 2 Pedro 1:3-4

APLICACIÓN

Juan Calvino escribe: «Nadie debe ser contado entre los discípulos de Cristo a menos que percibamos la gloria de Dios impresa en él como con un sello por su semejanza a Cristo». ¿Quieres saber si eres discípulo de Cristo? Observa tu vida y mira si estás creciendo en semejanza a Cristo. Aunque nunca somos perfectos en esta vida, lentamente nos vamos volviendo más y más como Cristo cuando, de forma progresiva, vamos muriendo al pecado y viviendo para la justicia.

DÍA 86

TRIBUTAR LA GLORIA A DIOS

1 CRÓNICAS 16:28-34 «TRIBUTEN AL SEÑOR LA GLORIA DEBIDA A SU NOMBRE; TRAIGAN OFRENDA, Y VENGAN DELANTE DE ÉL» (V. 29).

Mateo 5:48 registra que Jesús afirmó que debemos ser «perfectos como [nuestro] Padre celestial es perfecto». En este versículo, aprendemos que Dios nos exige justicia perfecta, y como no podemos darle esa justicia (Ro 3:9-20), las palabras de Cristo terminan llevándonos a acudir a Él en busca de la justificación, el don de Su justicia perfecta imputada a nosotros.

Sin embargo, hay algo que pasaremos por alto si pensamos que Mateo 5:48 solo tiene que ver con nosotros. También tiene que ver con Dios, pues nos dice que nuestro «Padre celestial es perfecto». En el contexto de Mateo 5, el versículo trata principalmente sobre la justicia y el amor divinos, y demuestra que no hay nada que pueda volver a Dios más justo o amoroso, ya que es perfecto y no podemos mejorar la perfección. Sin embargo, podemos extender esto mismo a todos los atributos divinos. Por ejemplo, Job 37:16 nos dice que Dios es «perfecto en conocimiento». Él no puede

V

DÍAS 85 Y 86

aprender nada, pues ya lo sabe todo. Dios no puede crecer en ninguno de Sus atributos; tampoco en Su gloria.

Por ende, como hemos visto, no podemos añadir nada a la gloria divina. No podemos incrementar la gloria inherente de Su ser. Sin embargo, como dice el pasaje de hoy, sí podemos tributarle gloria a Dios (1 Cr 16:28-29). Esto implica honrar el nombre del Señor y tratarlo con la reverencia que Él merece. Cuando hacemos eso, también damos a conocer Su gloria en el mundo. No tributamos gloria a Dios por Su propia causa ya que Él ha tenido gloria desde toda la eternidad, sino que lo hacemos por nuestra causa y por causa del mundo.

Más adelante, el pasaje de hoy explica varias maneras en que podemos tributar gloria a Dios. Lo hacemos al llevarle ofrendas (v. 29), ya no de animales como bajo el antiguo pacto, sino de nosotros mismos como sacrificios vivos (Ro 12:1-2), lo que es un testimonio de que Él nos hizo y tiene señorío sobre nosotros. También tributamos gloria al Señor cuando lo adoramos y le tememos (1 Cr 16:29-30). Adoramos lo que creemos que es más grande que nosotros y al adorar al único Dios verdadero reconocemos Su grandeza incomparable, y apuntamos así a las naciones en dirección a Su gran gloria. Tributamos gloria a Dios cuando le agradecemos por Su bondad, y de esa forma, la gente recuerda que Él es la fuente de todo lo bueno (v. 34; Stg 1:16-17).

Por último, tributamos gloria al Señor cuando proclamamos Su soberanía y vivimos como si de verdad creyéramos en esta, es decir, siguiendo Su ley real (1 Cr 16:31). El Señor muestra Su gloria en las personas que están comprometidas con Su gobierno y reinado.

PARA
ESTUDIO
ADICIONAL

Salmo 29;
Isaías
24:14-15;
Jeremías
13:16;
Romanos
4:20

APLICACIÓN

No diseñamos la adoración para los incrédulos, sino para la gloria de Dios y la edificación de Su pueblo. Sin embargo, la adoración reverente en que tributamos gloria a Dios es un testimonio de Su gloria para los incrédulos. Cuando buscamos adorar al Señor en Espíritu y en verdad según Su Palabra, estamos proclamándolo ante todas las naciones. El que aceptemos y participemos solo en adoración santa y reverente es un testimonio poderoso para nuestro prójimo.

EL CONOCIMIENTO FUTURO DE LA GLORIA DE DIOS

HABACUC 2:14 «PUES LA TIERRA SE LLENARÁ DEL CONOCI-
MIENTO DE LA GLORIA DEL SEÑOR COMO LAS AGUAS CUBREN
EL MAR».

Nadie podrá presentarse ante Dios en el día final y decir: «Nunca tuve conciencia de Ti. No te mostraste ante mí».

La Escritura deja muy claro que el Señor ha revelado Su poder y naturaleza divina, al menos de forma parcial, en la creación (Ro 1:18-20). Incluso ha revelado Su gloria. Como escribió David: «Los cielos proclaman la gloria de Dios» (Sal 19:1).

Por lo tanto, en cierto nivel, todos los seres humanos saben que hay un Dios glorioso en el cielo al que deben adoración y gratitud. Desde la persona no alcanzada en el rincón más remoto del orbe, hasta la persona que ha escuchado el evangelio muchas veces, todos tienen cierto grado de conciencia de la existencia y la naturaleza de Dios.

Sin embargo, habrá una mayor revelación de la gloria de Dios en todo el mundo. En un sentido, la gloria de Dios ya es conocida en todo el orbe, pero en otro, «el conocimiento de la gloria del SEÑOR» aún no ha cubierto al mundo. Eso es lo que aprendemos en Habacuc 2:14, que predice el día en que el conocimiento de la gloria de Dios llenará la tierra «como las aguas cubren el mar».

En el contexto original del pasaje de hoy, Habacuc se está refiriendo a la destrucción de Babilonia y al rescate de los israelitas desde el exilio babilónico. El juicio de los enemigos del pueblo de Dios y su redención de la esclavitud sería la marca de una nueva revelación de la gloria divina: las naciones verían al Señor como el Salvador todopoderoso de Su pueblo. Sin embargo, esta profecía debe cubrir más que el mero retorno físico del pueblo del antiguo pacto desde el exilio, pues Isaías 40-66 amplía ese rescate para terminar incluyendo los cielos nuevos y la tierra nueva, que son traídos en última instancia por la obra del Mesías que expía el pecado de Su pueblo. En esa obra de juicio contra el pecado y salvación de los hijos de Dios, el mundo verá un aspecto de la gloria divina que no está revelado en la naturaleza: verán Su gloria como Salvador.

Juan Calvino comenta el pasaje de hoy: «El poder, la gracia y la verdad de Dios se dan a conocer en el mundo cuando Él libra a Su pueblo y reprime a los impíos». La gloria divina se manifestará de forma completa en el día final, pero incluso ahora el conocimiento de la gloria de Dios sigue expandiéndose por la tierra. Cuando la iglesia cumple el llamado de ser heraldo del Rey y hacer discípulos en todas las naciones, llevamos hasta ellas el conocimiento de la gloria de Dios en la salvación (Mt 28:18-20). Además, todos los que hoy reciben este conocimiento por la fe confiando solo en Cristo para redención glorifican a Dios como Salvador.

PARA
ESTUDIO
ADICIONAL

Números
14:20-24;
Jeremías
23:24;
Mateo
24:14;
Romanos
8:18-25

APLICACIÓN

En el tiempo que transcurre entre la primera y la segunda venida de Cristo, el Señor está expandiendo el conocimiento de Su gloria a través de la obra en que la iglesia discipula a todas las naciones. Estamos ocupados en la tarea más grandiosa que puede haber y Dios nos está usando para cumplir la profecía cuando buscamos llevar el conocimiento de la gloria de Dios en el evangelio a todos los pueblos.

DÍA 88

VER A DIOS COMO ÉL ES

1 JUAN 3:2 «AMADOS, AHORA SOMOS HIJOS DE DIOS Y AÚN NO SE HA MANIFESTADO LO QUE HABREMOS DE SER. *PERO SABEMOS QUE CUANDO CRISTO SE MANIFIESTE, SEREMOS SEMEJANTES A ÉL, PORQUE LO VEREMOS COMO ÉL ES».

Los reformadores protestantes eran famosos por su énfasis en la fe. Martín Lutero, Juan Calvino y los demás líderes de la Reforma enseñaron sin reservas que somos justificados por la fe sola en Cristo solo, y que Dios debe darnos la fe. Sin embargo, a pesar de su gran énfasis en la fe, también estaban conscientes de que la necesitamos de forma temporal. Entendían que la fe atañe a lo que no podemos ver (He 11:1), así que sabían que cuando lo invisible al fin sea visible para nosotros, la fe pasará.

Estamos hablando de lo que los teólogos conocen como la «visión beatífica», la visión directa de Dios que gozaremos por toda la eternidad. La verdad de que los creyentes veremos al Señor, no por la fe, sino con nuestros propios ojos, es nuestra máxima esperanza y se enseña en pasajes como 1 Juan 3:2. Un día seremos tan semejantes a Dios como es posible para las criaturas. No sabemos a cabalidad lo que eso significa, pero es indudable que incluye la idea de la perfección moral. Ya que seremos como Él, podremos soportar Su gloria que consume todo y que hoy no podemos tolerar por el pecado remanente. De hecho, el pasaje de hoy sugiere que seremos como el Señor de algún modo porque lo veremos como Él es.

¿Anhelamos ver a Dios? Es una bendición vivir en una época que nos ofrece muchas comodidades, y deberíamos estar agradecidos del Señor por los múltiples factores que hacen que nuestra vida sea mucho más sencilla que la de quienes vivieron hace tan solo cien años atrás. Sin embargo, para ser honestos con nosotros mismos, también vivimos en una época de muchas distracciones, de muchas tentaciones que prometen ser más satisfactorias que Dios mismo. Aun así, la Escritura nos dice que no hay nada más hermoso, nada más satisfactorio, que el propio Dios. Eso es lo que estamos experimentando ahora en nuestra salvación, pues vemos que Cristo satisface nuestro anhelo de perdón, significado y reconciliación con Dios. Imagina entonces, cuánto mayor será nuestra satisfacción cuando veamos la belleza de la gloria divina cara a cara. Apenas podemos imaginarnos cómo será eso, pero implicará un deleite tan inmenso que nuestro sufrimiento ni siquiera podrá compararse con él (Ro 8:18).

El comentario de Lutero sobre Gálatas nos ayuda a entender la visión beatífica y es una conclusión apropiada para nuestro estudio: «En la vida venidera, ya no necesitaremos la fe (1 Co 13:12), pues entonces no veremos por un espejo oscuramente (como lo hacemos ahora), sino cara a cara. Habrá un resplandor gloriosísimo de la Majestad eterna en que veremos a Dios como Él es. Habrá conocimiento y amor genuino y perfecto por Dios».

PARA ESTUDIO ADICIONAL

Job 19:25-27; Mateo 5:8; 1 Corintios 13:12; Hebreos 12:14

V

DÍAS 87 Y 88

¿Qué puede ser mejor que ver a Dios cara a cara? Como Él es la fuente de todo lo bueno, verdadero y hermoso, ver al Señor cara a cara es ver la bondad misma, la verdad misma y la belleza misma. Nunca más tendremos que contentarnos con las cosas creadas que solo reflejan esos atributos, sino que veremos los atributos mismos. Debemos anhelar el día en que nuestra fe se transformará en vista.

DÍA 89

PARTICIPAR DE LA GLORIA DE CRISTO

ROMANOS 8:11 «SI EL ESPÍRITU DE AQUEL QUE RESUCITÓ A JESÚS DE ENTRE LOS MUERTOS HABITA EN USTEDES, EL *MISMO* QUE RESUCITÓ A CRISTO JESÚS DE ENTRE LOS MUERTOS, TAMBIÉN DARÁ VIDA A SUS CUERPOS MORTALES POR MEDIO DE SU ESPÍRITU QUE HABITA EN USTEDES».

La muerte no era parte de la creación original de Dios, sino que entró al orden creado cuando Adán cayó en el pecado (Ro 5:12). Es el último enemigo del pueblo de Dios que será destruido (1 Co 15:26). Ya ha sido derrotada por la resurrección de Cristo y será destruida en el día final, cuando Cristo vuelva en gloria a juzgar a los vivos y a los muertos.

El hombre trajo el pecado al mundo y la muerte fue conquistada por un hombre: el Dios Hombre, Jesucristo (Ro 5:13-21). Él trae vida a Su pueblo: una nueva vida espiritual y también una nueva vida física de la que nuestros cuerpos gozarán en la resurrección. Hay un vínculo entre la resurrección de Cristo y la nuestra. Como dice Pablo en el pasaje de hoy, el mismo Espíritu que levantó a Jesús de entre los muertos también hará lo mismo con nuestros cuerpos mortales (8:11). Hay una continuidad entre la resurrección de Jesús y la nuestra. Él es las primicias; nosotros somos la cosecha (1 Co 15:20-23). Su resurrección fue la garantía de nuestra propia resurrección. De hecho, ya hemos sido resucitados con Cristo en principio; solo estamos a la espera de experimentar la resurrección física (Ro 6:1-5). Sin embargo, la resurrección del pueblo de Dios para una vida nueva, corporal y glorificada es tan certera como si ya hubiera ocurrido, pues fue asegurada por la resurrección de Cristo en gloria.

Como seremos unidos a Cristo «*en la semejanza* de Su resurrección» (v. 5), es probable que nuestra resurrección sea similar a la Suya. Cuando observamos las historias de Jesús después de Su resurrección, vemos que había continuidad y también discontinuidad entre cómo era Su cuerpo antes de morir y cómo era después de morir y resucitar. El cuerpo de Jesús después de Su resurrección se parecía lo suficiente al cuerpo que tenía antes de resucitar para que María Magdalena terminara reconociéndolo cuando Él se le apareció, pero también era lo suficientemente distinto para que al principio no pudiera reconocerlo (Jn 20:11-18). Quizás también ocurrirá algo así con nuestros cuerpos resucitados.

Pablo nos explica esto en 1 Corintios 15:42-57, donde nos dice que el cuerpo natural sembrado en muerte se levantará como un cuerpo espiritual. No está hablando de un cuerpo que no es físico, pues la palabra espiritual no es contraria a lo físico en este pasaje. En cambio, un cuerpo espiritual es aquel que ha sido permeado por el Espíritu Santo y ha recibido inmortalidad. Los cuerpos nuevos que recibiremos en la resurrección serán guardados para siempre de la muerte por el poder y amor de Dios. Seremos imperecederos, y todas las debilidades introducidas por el pecado no existirán más.

PARA ESTUDIO ADICIONAL

Isaías 25; Mateo 23:23-33; Juan 11:25; Colosenses 1:18

APLICACIÓN

La gente podrá decir que la muerte es solo una parte del orden natural pero sus esfuerzos por postergarla, o incluso evitarla, demuestran lo contrario. Los pecadores buscan escapar de la muerte pero la única manera de hacerlo es por la resurrección para vida eterna que solo está disponible en Cristo. El odio hacia la muerte es un punto de contacto con los incrédulos que podemos usar como trampolín para declararles la promesa de la resurrección en el evangelio.

V

DÍAS 88 Y 89

EL REGRESO GLORIOSO DE CRISTO

HECHOS 1:6-11 «VARONES GALILEOS, ¿POR QUÉ ESTÁN MIRANDO AL CIELO? ESTE *MISMO* JESÚS, QUE HA SIDO TOMADO DE USTEDES AL CIELO, VENDRÁ DE LA MISMA MANERA, TAL COMO LO HAN VISTO IR AL CIELO» (V. 11).

*L*a escatología, el área de la teología sistemática en que estudiamos las últimas cosas, es objeto de mucha discusión y debate en nuestros días. Gran parte de la discusión tiene que ver con el momento en que ocurre el milenio, la identidad del anticristo, el papel del Estado moderno de Israel en la profecía y otros temas similares. Estas disputas podrían llevarnos a pensar que no hay consenso dentro de la iglesia cristiana en cuanto a los asuntos escatológicos. Sin embargo, esa conclusión sería errónea. Como evidencian los credos ecuménicos, tales como el Credo de los Apóstoles y el Credo Niceno, los creyentes de distintas tradiciones teológicas concuerdan en los elementos esenciales de la escatología. Una de esas áreas de consenso tiene que ver con el regreso de Cristo en gloria.

Cuando analizamos lo que enseña la Biblia sobre el regreso de Cristo para consumar Su reino, debemos tener el cuidado de estudiar solo los pasajes que de verdad tratan ese tema. Decimos esto porque es posible que algunos de los pasajes que suelen mencionarse al hablar del regreso final de nuestro Salvador en realidad ni siquiera lo aborden. Por ejemplo, es probable que la mayoría (si no todo) del Discurso de los Olivos registrado en Mateo 24, Marcos 13 y Lucas 20 tenga que ver con el juicio de Jesús contra Jerusalén por haberlo rechazado, que tuvo lugar en la destrucción de la ciudad y su templo por parte de los romanos, en el año 70 d. C. Por lo tanto, esos textos no son los mejores pasajes a los que acudir, al menos al principio, cuando estudiamos el regreso final de Cristo.

Uno de los pasajes más claros sobre el tema en cuestión es Hechos 1:6-11, que describe la ascensión del Señor. Este pasaje nos muestra tres hechos importantes sobre la segunda venida. En primer lugar, el regreso de Cristo será personal. Los ángeles notan que «este *mismo* Jesús» volverá (v. 11). El que volverá será la misma persona que los discípulos vieron irse ese día.

En segundo lugar, el regreso de Cristo será visible. Jesús, dicen los ángeles, «vendrá de la misma manera, tal como lo han visto ir al cielo» (v. 11). Los discípulos vieron a Jesús encarnado ascendiendo al cielo, así que, si va a venir de la misma manera a consumar Su reino, veremos al Dios Hombre en la carne en Su última venida.

Por último, el regreso de Cristo será en gloria. En el versículo 9, leemos que una nube ocultó a Jesús de sus ojos. Esto es importante, ya que en el Antiguo Testamento la presencia gloriosa de Dios solía manifestarse como una nube (p. ej., Éx 40:34). Cuando Jesús vuelva a traer los cielos nuevos y la tierra nueva, vendrá en la gloria de Dios.

PARA ESTUDIO ADICIONAL

Daniel 7:13-14; Nahúm 1:3; 1 Tesalonicenses 4:13-18; Apocalipsis 1:7

APLICACIÓN

No sabemos con exactitud cuándo volverá Jesús, pero sí sabemos que podría ser en cualquier momento. Cada respiro que damos podría ser el último antes de que Jesús vuelva. Saber que el regreso de Cristo es inminente debería motivarnos a servir a la iglesia y a ocuparnos todo lo posible en la labor de hacer discípulos. No queremos que Jesús nos encuentre ociosos cuando regrese (Mt 25).

V
—

DÍA 90

SOBRE LIGONIER

Ministerios Ligonier es una organización internacional de discipulado cristiano fundada por el Dr. R.C. Sproul en 1971 para proclamar, enseñar y defender la santidad de Dios en toda su plenitud a tantas personas como sea posible. El Dr. Sproul dedicó su vida a ayudar a la gente a crecer en el conocimiento de Dios y de Su santidad, y nuestro deseo es apoyar a la iglesia de Jesucristo ayudando a los cristianos a saber qué creen, por qué lo creen, cómo vivirlo y cómo compartirlo.

Si quieres saber más sobre Ministerios Ligonier o te interesa acceder a más recursos como este, visita es.Ligonier.org.